講談社 火の鳥 伝記文庫

独《どく》眼《がん》竜《りゅう》の挑《ちょう》戦《せん》 伊《だ》達《て》政《まさ》宗《むね》

浜《はま》野《の》卓《たく》也《や》 文
平《ひら》沢《さわ》下《げ》戸《こ》 絵

はじめに

伝染病《でんせんびょう》のため、まぶたがめくれあがるほど
右目《みぎめ》が大《おお》きくはれあがったことを気《き》にして
屋敷《やしき》にこもり、うつうつとくらす、
伊達政宗《だてまさむね》の少年時代《しょうねんじだい》は、光《ひかり》をうしなった日々《ひび》でした。
しかし、いちばんの家来《けらい》で、親友《しんゆう》の小十郎《こじゅうろう》に
その右目《みぎめ》を切《き》りおとさせたときに
おそろしいほどの眼光《がんこう》で戦乱《せんらん》の世《よ》を射《い》ぬく
〝独眼竜《どくがんりゅう》〟伊達政宗《だてまさむね》が誕生《たんじょう》したのです。
15歳《さい》ではじめていくさを経験《けいけん》した政宗《まさむね》は
東北《とうほく》の地《ち》で、まわりの国《くに》につぎつぎと戦《たたか》いをいどんでいきました。
器用《きよう》に立《た》ちまわるわけでもなく、

特別《とくべつ》な兵器《へいき》があるわけでもありません。
若《わか》さゆえの、死《し》をもおそれぬ勇気《ゆうき》と、
電光石火《でんこうせっか》の決断《けつだん》が最大《さいだい》の武器《ぶき》でした。
謀略《ぼうりゃく》にあって、父《ちち》を殺《ころ》され
母《はは》にうらぎられ、弟《おとうと》をみずから手《て》にかけても、
絶望《ぜつぼう》することなく、政宗《まさむね》は生《い》きぬいていったのです。
しだいに政宗《まさむね》は、豊臣秀吉《とよとみひでよし》をもっともいらだたせ、
徳川家康《とくがわいえやす》にもっともみとめられる男《おとこ》となっていきました。
その後《ご》、朝鮮出兵《ちょうせんしゅっぺい》、関ケ原《せきがはら》の合戦《かっせん》、大坂《おおざか》の陣《じん》と
天下《てんか》をゆるがす戦《たたか》いにはいつも存在感《そんざいかん》を発揮《はっき》しました。
東北《とうほく》に君臨《くんりん》した絶対王者《ぜったいおうじゃ》、伊達政宗《だてまさむね》。
日本《にっぽん》の頂《いただき》を、そして世界《せかい》の海《うみ》を見《み》すえた
その眼差《まなざ》しは、いまもわたしたちの心《こころ》を射《い》ぬくのです。

もくじ

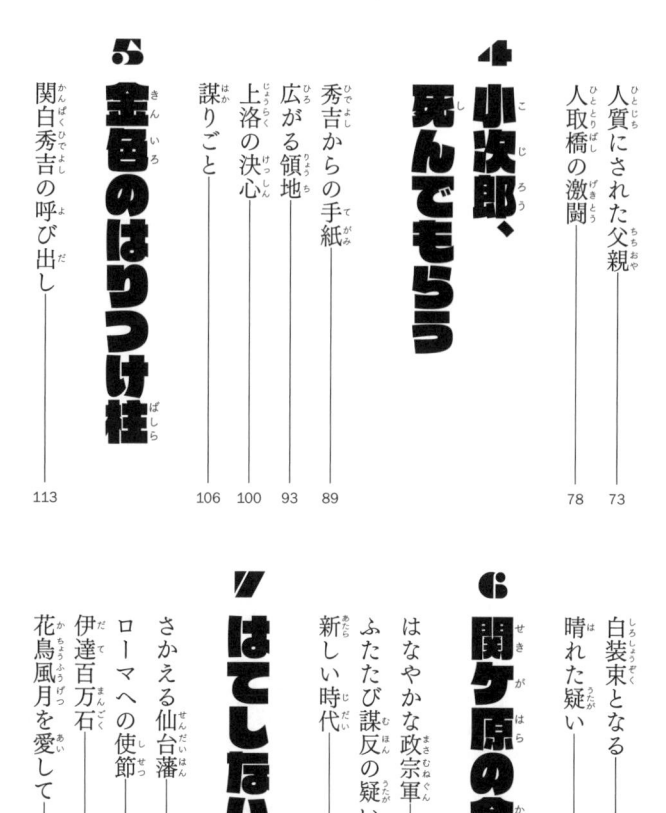

I　ひとりぼっちの梵天丸《ぼんてんまる》

梵天丸《ぼんてんまる》の誕生《たんじょう》

ここは、奥州探題《おうしゅうたんだい》を名乗《なの》る伊達輝宗《だててるむね》の住《す》む米沢城《よねざわじょう》（山形県米沢市《やまがたけんよねざわし》）の一室《いっしつ》である。

「姫《ひめ》よ。」

ふとよばれて、輝宗《てるむね》の妻義姫《つまよしひめ》が顔《かお》をあげると、白髪《はくはつ》の僧《そう》が立《た》っていた。

「……？」

「わしは、そなたのおなかに今夜《こんや》の宿《やど》をかりたい。」

「……？」

不思議《ふしぎ》なことを言《い》うお坊《ぼう》さまだと思《おも》って、義姫《よしひめ》が返事《へんじ》もしないでいると、

「宿《やど》をかりる代《か》わりに、これをさずけよう。大切《たいせつ》に育《そだ》てるがいい。」

と、僧《そう》はまた、不思議《ふしぎ》なことを言《い》った。そして、1本《ぽん》のごへいを手《て》わたすと、すーっとかき消《き》えてしまった。

「あ、お待《ま》ちください！」

よびとめようとしたとき、目《め》がさめた。

なーんだ夢《ゆめ》か、と義姫《よしひめ》は思《おも》った。が、はっと思《おも》いあたった。

義姫《よしひめ》は、床《とこ》の間《ま》に目《め》を向《む》けた。

床《とこ》の間《ま》の三方《さんぼう》［1］の上《うえ》に、たったいま夢《ゆめ》に見《み》た1本《ぽん》のごへいがおかれている。神主《かんぬし》がおはらいのときに使《つか》う、白《しろ》い紙《かみ》を段々《だんだん》に切《き》ってたらし、木《き》の棒《ぼう》にはさんだものだ。ごへいというのは神《かみ》がやどるところである。そのごへいには神《かみ》がやどっているから、それを大切《たいせつ》に育《そだ》てろ、と夢《ゆめ》の僧《そう》が言《い》ったのである。

不思議《ふしぎ》なこともあればあるもの、と義姫《よしひめ》は、じっと、そのごへいを見《み》つめた。

じつは、そのごへいについては、わけがあった。

隣国《りんごく》の最上家《もがみけ》から伊達家《だてけ》に輿入《こしい》れした義姫《よしひめ》は、この戦国《せんごく》の世《よ》をのりきっていくのにふさわしい、かしこく強《つよ》い男《おとこ》の子《こ》を、ぜひ産《う》みたいとねがった。

そこで義姫《よしひめ》は、修験僧《しゅげんそう》の長海上人《ちょうかいしょうにん》にたのんで、湯殿山《ゆどのさん》に祈願《きがん》させた。

この出羽《でわ》の国《くに》（現在《げんざい》の山形県《やまがたけん》・秋田県《あきたけん》）には、出羽三山《でわさんざん》とよばれる山《やま》がある。月山《がっさん》、羽黒山《はぐろさん》、そしてこの湯殿山《ゆどのさん》だ。どの山《やま》も、昔《むかし》から、修験道《しゅげんどう》の山《やま》として有名《ゆうめい》で、たくさんの山伏《やまぶし》が修行《しゅぎょう》にこもるために入山《にゅうざん》する。

長海上人《ちょうかいしょうにん》は、湯殿山《ゆどのさん》の神殿《しんでん》から、湯殿山《ゆどのさん》の湯《ゆ》にひたしたごへいを持《も》って帰《かえ》り、しばらくは、義姫《よしひめ》の住《す》まいの屋根《やね》の上《うえ》に安置《あんち》しておいた。のちに、それを部屋《へや》の床《とこ》の間《ま》にまつっておいたのである。

数日後《すうじつご》、義姫《よしひめ》は、おなかの中《なか》に赤児《あかご》がやどったことを知《し》った。

おなかの中《なか》の子《こ》は、わが子《こ》ながら湯殿山《ゆどのさん》の神《かみ》の申《もう》し子《ご》でもあると、義姫《よしひめ》は思《おも》った。

「きっとそうにちがいない。」


［1］神仏《しんぶつ》などにお供《そな》えをしたり、儀式《ぎしき》のときに物《もの》をのせたりする、白木《しらき》の正方形《せいほうけい》の台《だい》。

夫《おっと》の輝宗《てるむね》もよろこんでくれて、

「よし、それならば、めでたく男子《だんし》が生《う》まれたなら、梵天丸《ぼんてんまる》と名《な》づけよう。」

と言《い》った。修験道《しゅげんどう》では、ごへいのことを梵天《ぼんてん》という。つまり神《かみ》から生《う》まれた子《こ》という意味《いみ》である。

そして、願《ねが》いのとおり、奥羽《おうう》（陸奥《むつ》の国《くに》と出羽《でわ》の国《くに》。現在《げんざい》の福島県《ふくしまけん》・宮城県《みやぎけん》・岩手県《いわてけん》・青森県《あおもりけん》・秋田県《あきたけん》・山形県《やまがたけん》）の名門《めいもん》、伊達家《だてけ》17代目《だいめ》をつぐべき男子《だんし》が生《う》まれた。永禄《えいろく》10（1567）年《ねん》8月3日《がつみっか》のことである。

義姫《よしひめ》の思《おも》い

梵天丸《ぼんてんまる》は、元気《げんき》いっぱい声《こえ》をはりあげて、よく泣《な》く子《こ》であった。目鼻立《めはなだ》ちもはっきりした子《こ》である。

——これがわたしの子《こ》。最上家《もがみけ》の子《こ》でも、伊達家《だてけ》の子《こ》でもない、わたしの子《こ》。わたしのたったひとりの子《こ》。ほんとうにわたしの味方《みかた》になってくれるのは、この子《こ》ただひとり。

ひとりになると、よく義姫《よしひめ》は梵天丸《ぼんてんまる》をだきあげて、ほおずりしながら、つぶやいたものだった。

義姫《よしひめ》は、伊達家《だてけ》と同《おな》じ出羽《でわ》の国《くに》、山形城主《やまがたじょうしゅ》最上義守《もがみよしもり》の娘《むすめ》として生《う》まれた。かしこくて学問好《がくもんず》き、そのうえ気性《きしょう》も強《つよ》く、馬《うま》、なぎなた、弓《ゆみ》、なにを習《なら》わせても、男《おとこ》をしのぐ腕前《うでまえ》であった。

「ああ、この子《こ》が男《おとこ》であったら、義光《よしあき》とふたりで奥羽全土《おううぜんど》を切《き》りしたがえたであろうに。」

父《ちち》の義守《よしもり》はよく、こうなげいたものであった。

義姫《よしひめ》の兄《あに》の義光《よしあき》もまた、おさないときから怪童《かいどう》と言《い》われた、剛《ごう》の者《もの》であった。

16歳《さい》のころ、傷《きず》をいやしに温泉《おんせん》に行《い》ったおり、十数人《じゅうすうにん》の賊《ぞく》に囲《かこ》まれたが、すこしもひるまず、つぎつぎに切《き》りすて、首領《しゅりょう》を討《う》ちはたした。残《のこ》りはおそれてにげさったと

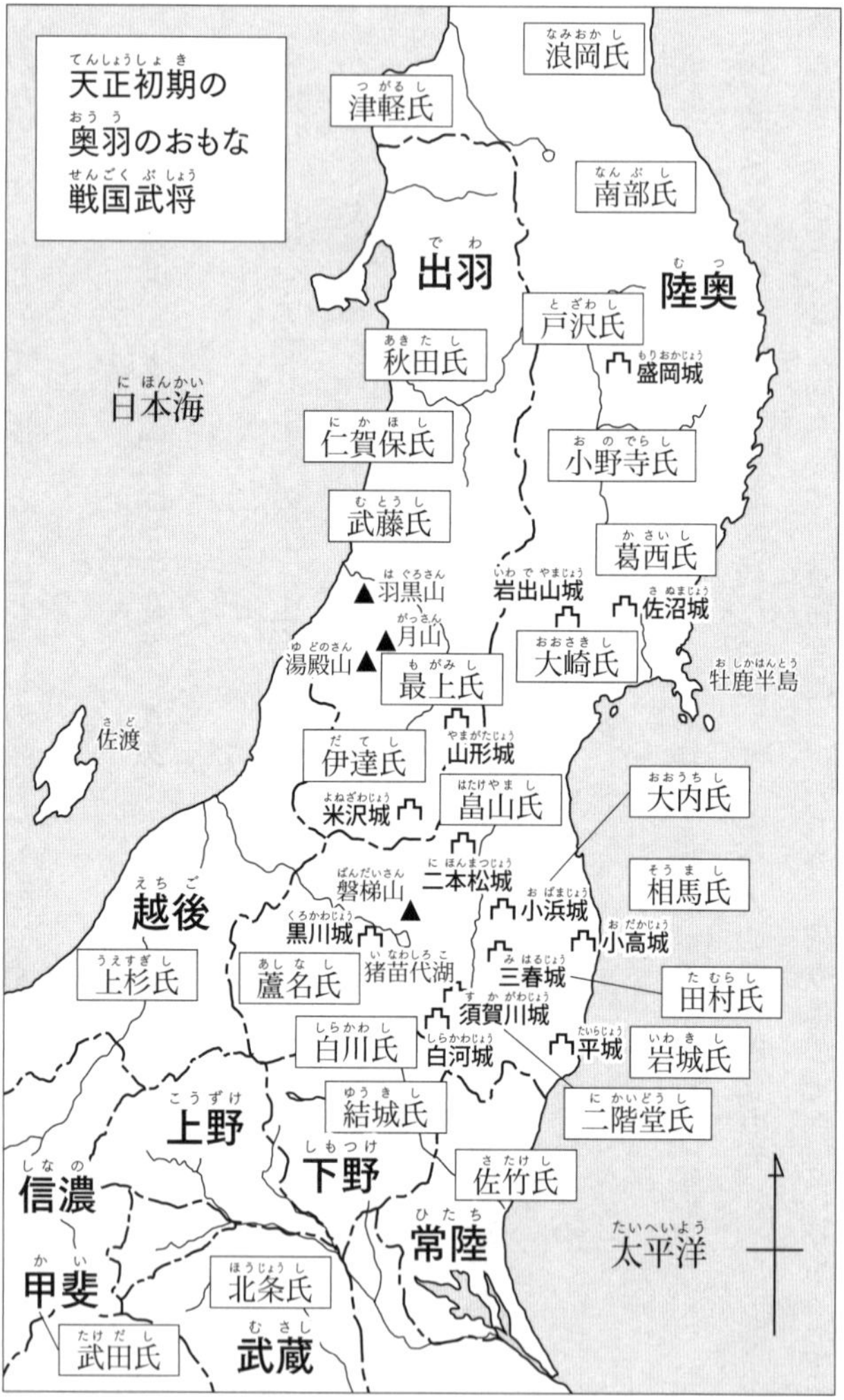
天正初期《てんしょうしょき》の
奥羽《おうう》のおもな
戦国武将《せんごくぶしょう》
浪岡氏《なみおかし》
津軽氏《つがるし》
南部氏《なんぶし》
出羽《でわ》
陸奥《むつ》
戸沢氏《とざわし》
秋田氏《あきたし》
盛岡城《もりおかじょう》
日本海《にほんかい》
仁賀保氏《にかほし》
小野寺氏《おのでらし》
武藤氏《むとうし》
葛西氏《かさいし》
羽黒山《はぐろさん》
岩出山城《いわでやまじょう》
佐沼城《さぬまじょう》
月山《がっさん》
湯殿山《ゆどのさん》
大崎氏《おおさきし》
最上氏《もがみし》
牡鹿半島《おしかはんとう》
佐渡《さど》
伊達氏《だてし》
山形城《やまがたじょう》
大内氏《おおうちし》
米沢城《よねざわじょう》
畠山氏《はたけやまし》
二本松城《にほんまつじょう》
相馬氏《そうまし》
越後《えちご》
磐梯山《ばんだいさん》
小浜城《おばまじょう》
黒川城《くろかわじょう》
小高城《おだかじょう》
上杉氏《うえすぎし》
蘆名氏《あしなし》
猪苗代湖《いなわしろこ》
三春城《みはるじょう》
田村氏《たむらし》
須賀川城《すかがわじょう》
白川氏《しらかわし》
白河城《しらかわじょう》
平城《たいらじょう》
岩城氏《いわきし》
上野《こうずけ》
結城氏《ゆうきし》
二階堂氏《にかいどうし》
下野《しもつけ》
信濃《しなの》
佐竹氏《さたけし》
常陸《ひたち》
太平洋《たいへいよう》
甲斐《かい》
北条氏《ほうじょうし》
武田氏《たけだし》
武蔵《むさし》

いう。

戦国大名《せんごくだいみょう》の娘《むすめ》は、たいてい、自分《じぶん》の国《くに》の者《もの》とは結婚《けっこん》しない。たいていよその国《くに》の大《だい》名《みょう》にとつぐ。

大名《だいみょう》たちは、娘《むすめ》を嫁《よめ》にやることで、その国《くに》と親戚《しんせき》になり、平和《へいわ》をたもとうとする。つまり政略結婚《せいりゃくけっこん》である。しかし、それがうまくいかないときは、いくさになり、嫁《よめ》は、実家《じっか》と敵同士《てきどうし》になる。

義姫《よしひめ》が伊達家《だてけ》へとついだのは、16歳《さい》のころだった。夫《おっと》の伊達家《だてけ》16代《だい》の輝宗《てるむね》は、20歳《はたち》ぐらいであった。輝宗《てるむね》はすぐれた武将《ぶしょう》として知《し》られていた。家来《けらい》をかわいがるやさしい心《こころ》の青年大名《せいねんだいみょう》だったので、義姫《よしひめ》も幸《しあわ》せであった。

とはいうものの、伊達《だて》と最上《もがみ》はとなりあわせなので、国境《こっきょう》でときどき小《ち》さな争《あらそ》いが起《お》こる。大将同士《たいしょうどうし》は親戚《しんせき》であっても、家来同士《けらいどうし》があらそうことがある。家来《けらい》といっても、もともと城《しろ》を持《も》って独立《どくりつ》していた豪族《ごうぞく》たちなので、大将《たいしょう》の言《い》うことでも聞《き》きいれない場合《ばあい》も多《おお》かった。そんな小《ち》さな争《あらそ》いがもとで、伊達《だて》と最上《もがみ》がたたかうはめになることだってありうる。

そんなとき、自分《じぶん》はどうしたらいいのか、義姫《よしひめ》はよく考《かんが》えた。父親《ちちおや》にかわいがられた義姫《よしひめ》は、とても最上《もがみ》がほろびることをだまって見《み》てはいられないであろう。といって、伊達《だて》が最上《もがみ》にせめられたら……。やさしい夫《おっと》の輝宗《てるむね》が、むざむざ討《う》たれるのを見《み》すごしにはできない。

戦国《せんごく》の嫁《よめ》は、みなこういうことでなやむ。まして義姫《よしひめ》は男《おとこ》に生《う》まれていたら……、と一族《いちぞく》におしまれるほど、知勇《ちゆう》にたけた人《ひと》となりで、政治《せいじ》の情勢《じょうせい》にもくわしいだけに、なやみは大《おお》きい。

このなやみのなかで、義姫《よしひめ》は梵天丸《ぼんてんまる》を産《う》んだのだ。

この梵天丸《ぼんてんまる》の幸《しあわ》せをさまたげるものこそ敵《てき》、それがたとえ、最上家《もがみけ》であれ、伊達家《だてけ》であれ、対立《たいりつ》するものはすべて敵《てき》、と義姫《よしひめ》は考《かんが》えようとした。父《ちち》と子《こ》だってたたかう、戦国《せんごく》の時代《じだい》である。

ところで、この伊達家《だてけ》は、鎌倉時代《かまくらじだい》から南東北《みなみとうほく》の名門《めいもん》の家柄《いえがら》であった。代々《だいだい》、あとつぎは足利将軍《あしかがしょうぐん》の名前《なまえ》の1字《じ》をもらって名《な》づけていた。梵天丸《ぼんてんまる》の父《ちち》の輝宗《てるむね》は16代目《だいめ》で、ときの将軍足利義輝《しょうぐんあしかがよしてる》から「輝《てる》」の1字《じ》をもらい、奥州探題《おうしゅうたんだい》を名乗《なの》っていた。奥州探題《おうしゅうたんだい》とは、奥州《おうしゅう》（陸奥《むつ》の国《くに》）の支配者《しはいしゃ》という意味《いみ》で、本来《ほんらい》は幕府《ばくふ》が任命《にんめい》する重《じゅう》要《よう》な地位《ちい》である。しかし、幕府《ばくふ》の力《ちから》のおとろえた、強《つよ》い者勝《ものが》ちの戦国時代《せんごくじだい》には、力《ちから》の強《つよ》い者《もの》が、勝手《かって》に探題《たんだい》を名乗《なの》るようになっていた。義姫《よしひめ》の実家《じっか》の最上家《もがみけ》もまた足利一《あしかがいち》族《ぞく》の名門《めいもん》で、この一族《いちぞく》は、代々《だいだい》、羽州探題《うしゅうたんだい》を名乗《なの》っている。

梵天丸《ぼんてんまる》が生《う》まれた永禄《えいろく》10（1567）年《ねん》は、応仁《おうにん》の乱《らん》が起《お》きてからちょうど100年《ねん》。長《なが》かった戦国《せんごく》の世《よ》も、織田信長《おだのぶなが》の手《て》によって、ようやく統一《とういつ》のきざしを見《み》せていた。

かしこい梵天丸《ぼんてんまる》

このころは、よい家柄《いえがら》の子《こ》どもには乳母《うば》がついていて、乳《ちち》を飲《の》ませ、母親代《ははおやが》わりに育《そだ》てていくのが習《なら》わしである。しかし義姫《よしひめ》は、一日《いちにち》に一度《ど》は、自分《じぶん》のところにこの梵《ぼん》天丸《てんまる》をつれてこさせてかわいがった。

梵天丸《ぼんてんまる》は、すくすくと成長《せいちょう》し、年《とし》とともにかしこい子《こ》になっていった。

ある日《ひ》、梵天丸《ぼんてんまる》は乳母《うば》につれられて、近《ちか》くの寺《てら》に行《い》った。

昼《ひる》でも暗《くら》い本堂《ほんどう》の中《なか》で、梵天丸《ぼんてんまる》は、胸《むね》をどきどきさせ、目《め》を丸《まる》くして、たくさんの仏像《ぶつぞう》を見《み》ていた。

そのうち梵天丸《ぼんてんまる》が、

「あっ！」

と、声《こえ》をあげた。

「いかがなされましたか、若君《わかぎみ》。」

あわててかけよった乳母《うば》が、梵天丸《ぼんてんまる》をだきあげた。小《ちい》さな体《からだ》がふるえている。でも、その目《め》は、まだしっかりと前《まえ》を向《む》いている。

いったい、なにをごらんになっているのだろうと乳母《うば》も目《め》をやると、暗《くら》い丸柱《まるばしら》のか

げにそそりたつ黒《くろ》い仏像《ぶつぞう》があって、その顔《かお》には青白《あおじろ》く、するどい目《め》があった。大《おお》きくさけた口《くち》、そのはしから2本《ほん》のきばがつきでている。手《て》にはもろ刃《は》の剣《つるぎ》、もえあがるほのおを背負《せお》っている。

「若君《わかぎみ》、こわくはありません。これは不動明王《ふどうみょうおう》さま、仏《ほとけ》さまなのですよ。」

乳母《うば》は、梵天丸《ぼんてんまる》の背《せ》をさすって、言《い》った。

そこへ、寺《てら》の僧《そう》がやってきた。

すると梵天丸《ぼんてんまる》は、やっと安心《あんしん》したように、僧《そう》にたずねた。

「やさしいはずの仏《ほとけ》さまが、なぜあんなに、こわい顔《かお》をしているのですか。」

「ああ、不動明王《ふどうみょうおう》のことですね。不動明王《ふどうみょうおう》は、ほんとうは大日如来《だいにちにょらい》さまといって、あの世《よ》で、わたしたち人間《にんげん》を見守《みまも》ってくださる仏《ほとけ》さまなのです。わたしたちは、だれでもりっぱに生《い》きようとねがいます。それなのに、わたしたちの心《こころ》の中《なか》には、弱《よわ》い心《こころ》が悪魔《あくま》のように立《た》ちはだかって、それをじゃましますす。

その大日如来《だいにちにょらい》さまが、悪魔《あくま》をやっつけるために、こわい仏《ほとけ》をよそおっているのです。だから、ほんとうのお心《こころ》はやさしいのです。つまり、若君《わかぎみ》をにらんでいるのではなく、若君《わかぎみ》にとりつく悪魔《あくま》をにらんで、あんなにこわいお顔《かお》をしてみせている、と思《おも》えばよいのです。」

すると、やっと梵天丸《ぼんてんまる》の体《からだ》のふるえも止《と》まった。

「どうですか、若君《わかぎみ》、まだこわいですか。」

乳母《うば》に聞《き》かれ、梵天丸《ぼんてんまる》は首《くび》をふって、言《い》った。

「では、仏《ほとけ》さまは、やさしいだけでなく、強《つよ》いんだね。」

「おお、梵天丸《ぼんてんまる》さまはかしこい、かしこい。」

乳母《うば》はだきあげて、ほおずりした。僧《そう》も、おさない梵天丸《ぼんてんまる》が自分《じぶん》の説明《せつめい》を一度《いちど》で聞《き》きわけてくれたので、おどろいたようであった。

戦国《せんごく》の世《よ》であるから、あとつぎに生《う》まれてきた男子《だんし》が、かしこいか、おろかであるかは、たいへん気《き》になることだ。おろか者《もの》のうわさが立《た》てば、となりの国《くに》の大将《たいしょう》は、しめたとばかりせめこむ用意《ようい》をするであろう。世《よ》つぎがかしこいと知《し》れば、敵《てき》も用心《ようじん》して、せめこんだり、村《むら》を焼《や》いたりはしない。

「梵天丸《ぼんてんまる》さまはかしこい。」

といううわさが広《ひろ》まり、家来《けらい》たちだけでなく、伊達《だて》のおさめる領内《りょうない》の農民《のうみん》たちもよろこんだ。

疫病《えきびょう》におそわれる

このころ、奥羽《おうう》の地《ち》のどこからともなく、疫病《えきびょう》が起《お》こった。見《み》る見《み》る悪魔《あくま》の風《かぜ》のようにふきひろがり、人《ひと》びとは、ばたばたと死《し》んでいった。

それは、疱瘡《ほうそう》［2］という、もっともたちの悪《わる》いおそろしい伝染病《でんせんびょう》だった。体中《からだじゅう》にぶつぶつとできものができて、高《たか》い熱《ねつ》が出《で》る。体力《たいりょく》が見《み》る見《み》るおとろえて、ついには死《し》にいたる。運《うん》よくなおっても、そのできもののあとが顔《かお》にたくさんのくぼみとなってのこり、あばたづらになってしまう。それで、わかい女性《じょせい》が、病気《びょうき》がなおって鏡《かがみ》を見《み》て、自分《じぶん》のあばたづらにおどろき悲《かな》しみ、自殺《じさつ》するということも、けっしてめずらしいことではなかった。

この病気《びょうき》には医者《いしゃ》も、まったくなすすべがなかった。苦《くる》しまぎれに、「疱瘡《ほうそう》は赤《あか》いものをきらう」という迷信《めいしん》が生《う》まれ、家《いえ》の前《まえ》に赤《あか》い布《ぬの》をたらしたり、またできもののうみを赤《あか》い布《ぬの》でふきとったりする。

この、おそろしい疱瘡《ほうそう》が米沢《よねざわ》の町《まち》をもおそい、そして梵天丸《ぼんてんまる》にとりついてしまった。

「なにとぞ、梵天丸《ぼんてんまる》の体《からだ》にとりついた悪魔《あくま》を追《お》いはらってくだされ。」

と、母《はは》の義姫《よしひめ》は、出羽三山《でわさんざん》の修験者《しゅげんじゃ》をよんで、祈願《きがん》させ、義姫自身《よしひめじしん》も冷水《れいすい》をあびて身《み》を清《きよ》める水《みず》ごりをとって祈《いの》りつづけた。

[2] 天然痘《てんねんとう》のこと。紀元前《きげんぜん》から世界中《せかいじゅう》で流行《りゅうこう》をくりかえしたが、18世紀《せいき》にイギリスの医《い》師《し》エドワード・ジェンナーが予防接種《よぼうせっしゅ》を発明《はつめい》し、1980年《ねん》に根絶《こんぜつ》された。

義姫《よしひめ》のこの願《ねが》いが神《かみ》に通《つう》じたのか、梵天丸《ぼんてんまる》の生《い》きる力《ちから》が強《つよ》かったのか、数日後《すうじつご》、この悪疫《あくえき》は梵天丸《ぼんてんまる》の体内《たいない》から去《さ》っていった。

熱《ねつ》もさがり、あとは体中《からだじゅう》にできたかさぶたが、はがれおちるのを待《ま》つばかりとなった。

ところが、そのかさぶたはきれいにとれたというのに、右《みぎ》の眼球《がんきゅう》がすっかりにごって、そこだけ異様《いよう》にはれあがっている。そのはれは、ひいて小《ちい》さくなるどころか、体《からだ》が元気《げんき》になるのとは反対《はんたい》に、いよいよふくらんでくる。

母《はは》の義姫《よしひめ》は、梵天丸《ぼんてんまる》の病気《びょうき》がなおったものと思《おも》って、ほっとして、つかれからねこんでしまっていた。

数日後《すうじつご》、元気《げんき》をとりもどした義姫《よしひめ》が、晴《は》ればれした顔《かお》で、梵天丸《ぼんてんまる》の部屋《へや》にやってきた。

「あ、お母《かあ》さまじゃ。」

梵天丸《ぼんてんまる》は、廊下《ろうか》の足音《あしおと》で、それとわかって、起《お》きあがった。

義姫《よしひめ》も、わが子《こ》のはずんだ声《こえ》に、心《こころ》をときめかせて、

「和子《わこ》よ。」

と、障子《しょうじ》を開《あ》けた。

「お母《かあ》さま。」

梵天丸《ぼんてんまる》がすがりつこうとしたとき、しきいの外《そと》で、義姫《よしひめ》は、はっと息《いき》をのみ、立《た》ちつくした。

「和子《わこ》……、これが……。」

義姫《よしひめ》は、軽《かる》いめまいを起《お》こした。

なんという、むざんな——。

梵天丸《ぼんてんまる》の、右目《みぎめ》のまぶたを上《うえ》へめくりあげるようにして、とびでている眼球《がんきゅう》。茶色《ちゃいろ》ににごり、うす赤《あか》い血《ち》の筋《すじ》が通《とお》っていて、ふくろのようにたれさがりぎみになっている。

「医者《いしゃ》をよびなされ、だれか！」

義姫《よしひめ》は、思《おも》わず廊下《ろうか》の外《そと》に、声《こえ》をはりあげた。

そのとりみだした母《はは》、だきあげてはくれない母《はは》の姿《すがた》に、梵天丸《ぼんてんまる》は悲《かな》しくなって泣《な》きだした。

しずむ心《こころ》

それから梵天丸《ぼんてんまる》は、外遊《そとあそ》びもしたがらない、一日《いちにち》部屋《へや》にとじこもりがちな子《こ》になってしまった。むりもない。たまに庭《にわ》に出《で》ると、その右眼《うがん》をおそれて、犬《いぬ》がほえる。はじめて梵天丸《ぼんてんまる》に会《あ》った人《ひと》は、一瞬《いっしゅん》、おどろいた表情《ひょうじょう》を見《み》せる。もちろん、次《つぎ》の領主《りょうしゅ》になる梵天丸《ぼんてんまる》に、失礼《しつれい》な態度《たいど》を見《み》せるわけではない。みんなが気《き》をつかう。しかし、さりげなくふるまえばふるまうほど、勘《かん》のするどい梵天丸《ぼんてんまる》には、それがわかってしまう。

梵天丸《ぼんてんまる》は、いつか自分《じぶん》の身《み》の回《まわ》りには、鏡《かがみ》のないことに気《き》がついた。

「だれか、鏡《かがみ》を持《も》ってまいれ。」

おつきの者《もの》に命《めい》じると、

「はい、のちほどさがしてまいります……。」

と言《い》って、その者《もの》は部屋《へや》の外《そと》に去《さ》ったまま、もどってこない。

ある日《ひ》、一時《いっとき》、時雨《しぐれ》などがはげしくふって、まもなく晴《は》れあがり、中庭《なかにわ》に水《みず》たまりができた。白《しろ》い雲《くも》が、水《みず》たまりにうつっている。

それを見《み》て、梵天丸《ぼんてんまる》は、ついと立《た》ちあがり、庭《にわ》に出《で》た。その水《みず》たまりに、自分《じぶん》の顔《かお》をうつしてみようと思《おも》ったのである。

「和子《わこ》さま！」

乳母《うば》がさけんだ。

「お外《そと》へ出《で》てはなりませぬ。」

しかし梵天丸《ぼんてんまる》は、もどらないで水《みず》たまりに歩《あゆ》みよって、自分《じぶん》の顔《かお》をうつしてみた。

かけよった乳母《うば》が、肩《かた》に手《て》をかけてもどそうとしたときには、梵天丸《ぼんてんまる》はすっかり自《じ》

分《ぶん》の顔《かお》を見《み》てしまっていた。

——これが自分《じぶん》の顔《かお》なのか。——

梵天丸《ぼんてんまる》は、思《おも》わず刀《かたな》のつかに手《て》をかけた。切《き》ってやりたい、この顔《かお》を——とばかりに、にらみつけた。

それから梵天丸《ぼんてんまる》は、なおいっそう、部屋《へや》にとじこもる生活《せいかつ》になってしまった。

——お母《かあ》さま。——

思《おも》わずつぶやくことがある。悲《かな》しくて悲《かな》しくて、さびしくてさびしくて、しかたがない。

しかし母《はは》の義姫《よしひめ》は、梵天丸《ぼんてんまる》の部屋《へや》には来《こ》なくなった。もっとも、ふたり目《め》の男《おとこ》の子《こ》竺丸《じくまる》が生《う》まれたせいもあったが……。

ある夜《よ》、義姫《よしひめ》は夫《おっと》の輝宗《てるむね》と話《はな》しあった。

「あなた、やむを得《え》ません。伊達家《だてけ》のあととりは、弟《おとうと》の竺丸《じくまる》におゆずりになったらどうでしょう。」

「それはならぬ、国《くに》のみだれのもとじゃ。」

「しかし、あの顔《かお》では家臣《かしん》たちにもあなどられます。近《ちか》ごろは、おつきの者《もの》どもとも、顔《かお》を合《あ》わせたがらぬそうでございます。」

「いたわしいことじゃ。しかし、そこをなんとか立《た》ちなおらせるのが、親《おや》の愛《あい》というものではないか。」

「いくら親《おや》でも、できることと、できないことがあります。」

これ以上言《いじょうい》ってもむだだ、と輝宗《てるむね》は思《おも》った。義姫《よしひめ》の愛《あい》は、すっかり弟《おとうと》の竺丸《じくまる》にうつってしまっている、と思《おも》ったからだ。

父《ちち》の輝宗《てるむね》は、梵天丸《ぼんてんまる》のために学問《がくもん》、人生《じんせい》の師《し》として、遠《とお》く岐阜《ぎふ》から虎哉宗乙《こさいそういつ》という僧《そう》をよびよせた。

虎哉《こさい》は、有名《ゆうめい》な快川和尚《かいせんおしょう》の秘蔵弟子《ひぞうでし》だ。

快川和尚《かいせんおしょう》というのは、甲斐《かい》（現在《げんざい》の山梨県《やまなしけん》）の武田家《たけだけ》〔3〕の菩提寺《ぼだいじ》、恵林寺《えりんじ》の住職《じゅうしょく》であった。のちに武田家《たけだけ》が織田信長《おだのぶなが》にせめられ、寺《てら》が焼《や》かれたとき、もえさかり、焼《や》

けおちてゆく本堂《ほんどう》の中《なか》で座禅《ざぜん》を組《く》んだまま、白《しろ》いまゆをぴくとも動《うご》かさず、

「心頭《しんとう》を滅却《めっきゃく》すれば火《ひ》もまた涼《すず》し。」

ととなえながら死《し》んでいって、多《おお》くの戦国武士《せんごくぶし》を感動《かんどう》させた。その快川《かいせん》の二大弟子《だいでし》と言《い》われたひとりである。

またその数年後《すうねんご》、輝宗《てるむね》は、梵天丸《ぼんてんまる》のために、やさしくて強《つよ》い友《とも》だち、兄《あに》のような友《とも》だちをさがしてやろうと思《おも》った。

えらばれたのは、19歳《さい》の片倉小十郎景綱《かたくらこじゅうろうかげつな》である。

「小十郎《こじゅうろう》、梵天丸《ぼんてんまる》に仕《つか》えてくれ、死《し》ぬも生《い》きるも梵天丸《ぼんてんまる》とひとつ、と思《おも》って仕《つか》えてくれ。」

[3] 当時《とうじ》、甲斐《かい》の国《くに》をおさめていた武田家《たけだけ》の当主《とうしゅ》は武田信玄《たけだしんげん》である。信玄《しんげん》は、甲斐《かい》の国《くに》の産業《さんぎょう》をさかんにし、豊《ゆた》かな経済力《けいざいりょく》をもとに強《つよ》い軍隊《ぐんたい》をつくりあげた。織田信長《おだのぶなが》を討伐《とうばつ》するために京《きょう》へ向《む》かう途中《とちゅう》、病気《びょうき》で亡《な》くなる。

「はい。」

小十郎《こじゅうろう》は、主君輝宗《しゅくんてるむね》の顔《かお》をじっと見《み》つめて、ためらうことなく返事《へんじ》をした。

それから輝宗《てるむね》は、遊《あそ》び仲間《なかま》として、梵天丸《ぼんてんまる》の親戚《しんせき》にあたりひとつ年下《としした》の藤五郎成実《とうごろうしげざね》とふたつ年上《としうえ》の原田左馬助《はらださまのすけ》をえらび、ぞうり取《と》りに、泥松《どろまつ》という子《こ》どもをつけた。わが子梵天丸《こぼんてんまる》を外《そと》へつれだして、元気《げんき》に遊《あそ》んでやってほしい、とねがってのことである。

2 いとしい愛姫《めごひめ》

小十郎《こじゅうろう》のさそい

外《そと》へ出《で》たがらない梵天丸《ぼんてんまる》、人《ひと》と顔《かお》を合《あ》わせたがらない梵天丸《ぼんてんまる》。それがこのごろ、すこしずつかわってきた。それというのも、小十郎《こじゅうろう》たちと遊《あそ》ぶのが楽《たの》しかったからだ。

「若君《わかぎみ》、行《い》きましょう。」

今日《きょう》も小十郎《こじゅうろう》は、細長《ほそなが》い竹《たけ》のさおをかついで、梵天丸《ぼんてんまる》によびかけた。藤五郎《とうごろう》も左馬助《さまのすけ》も、同《おな》じような竹《たけ》のさおを手《て》にしている。

「どこへ行《い》くのじゃ。」

「はや釣《つ》りにおつれもうしましょう。」

「釣《つ》りなど、したことないぞ。」

「はっははは、人間《にんげん》のやることには、なにごとも、はじめて、ということがありましょう。今日《きょう》は、魚釣《さかなつ》りの初陣《ういじん》とおぼしめせ。」

「それはおもしろい。しかし初陣《ういじん》には、刀《かたな》も槍《やり》もいる。」

「心得《こころえ》てございます。ほら、あのとおり。」

小十郎《こじゅうろう》が指《ゆび》さすと、物置《ものおき》のほうから泥松《どろまつ》が、びくと釣《つ》り竿《ざお》を持《も》ってきて、梵天丸《ぼんてんまる》にさしだした。

「なるほど、これが魚釣《さかなつ》りの槍《やり》か。」

梵天丸《ぼんてんまる》はすっかりはしゃいで、小十郎《こじゅうろう》のあとについて外《そと》へ出《で》かけた。

近《ちか》くの裏《うら》の小川《おがわ》で、はやをつり、赤《あか》く色《いろ》づいたぐみをもいで食《た》べる。木登《きのぼ》りもした。

夕方《ゆうがた》、着物《きもの》を泥《どろ》だらけにしてもどってくると、侍女《じじょ》たちが、

「こまりますよ、小十郎《こじゅうろう》さま。若君《わかぎみ》をこんなに泥《どろ》んこにして……。」

と、顔《かお》をしかめたが、父《ちち》の輝宗《てるむね》は、

「よいのじゃ、よいのじゃ。若《わか》のことは、すべて小十郎《こじゅうろう》にまかせてあるのじゃ。」

それからしばらくして、梵天丸《ぼんてんまる》はふと気《き》がついた。まえには、梵天丸《ぼんてんまる》の部屋《へや》も、梵《ぼん》天丸《てんまる》が出入《でい》りしそうな部屋《へや》のどこにでも、鏡《かがみ》というものが見《み》あたらなかったのに、このごろは、どの部屋《へや》にも、手《て》のとどくところに鏡《かがみ》がある。なぜだろう、と梵天丸《ぼんてんまる》は考《かんが》えた。まえには、鏡《かがみ》がどこにもおかれていないことがはら立《だ》たしかったのだ。今度《こんど》は顔《かお》を見《み》なさい、見《み》なさいとばかりに、鏡《かがみ》がおいてあるのだ。梵天丸《ぼんてんまる》は、自分《じぶん》からは見《み》たくもないというのに。

正月《しょうがつ》になると、梵天丸《ぼんてんまる》は衣服《いふく》をあらためて、祝《いわ》いの席《せき》に出《で》る。父輝宗《ちちてるむね》の横《よこ》にすわり、家来《けらい》たちの祝賀《しゅくが》の言葉《ことば》を受《う》ける。梵天丸《ぼんてんまる》にとって、あいさつにくる家来《けらい》が、かねて見知《みし》りの者《もの》だとそれほどでもないが、はじめて会《あ》う家来《けらい》のあいさつを受《う》けるのはつらいことであった。まして、相手《あいて》が女《おんな》の人《ひと》だとなおさらだ。梵天丸《ぼんてんまる》は、ついつい、うつむきがちになる。

ある日《ひ》、小十郎《こじゅうろう》が梵天丸《ぼんてんまる》の部屋《へや》にやってきた。なぜか、顔《かお》がまっ青《さお》であった。部屋《へや》にはふたりきりであった。

「若《わか》！」

「……？」

「正直《しょうじき》にお答《こた》えください。その右目《みぎめ》を、人前《ひとまえ》にお出《だ》しになるのは、つらいことですか。」

梵天丸《ぼんてんまる》はびっくりした。やさしい兄《あに》のような小十郎《こじゅうろう》が、自分《じぶん》のもっともふれられたくないことについて話《はな》しかけてきたからだ。

梵天丸《ぼんてんまる》はうつむいて、かすかにうなずいた。

「死《し》ぬほどつらいことですか。」

「…………」

だまってうなずいた。

すると、小十郎《こじゅうろう》はなにを思《おも》ったのか、いきなり刀《かたな》の柄《つか》に手《て》をかけた。

「ならば死《し》になされ、この小十郎《こじゅうろう》もいっしょに、あの世《よ》までお供《とも》をいたします。」

小十郎《こじゅうろう》はこわい顔《かお》をして、梵天丸《ぼんてんまる》ににじりよってきた。

「い、いやじゃ。」

梵天丸《ぼんてんまる》は、はげしく首《くび》をふった。

「いやでございますか。ならば生《い》きなされ。しかし、それならば胸《むね》をはって、堂々《どうどう》と生《い》きなされ。人間《にんげん》、生《い》きるか、死《し》ぬかのふた筋道《すじみち》しかございません。生《い》きるからには、だれはばかることなく生《い》きなされ。この米沢城主《よねざわじょうしゅ》のあとつぎが、いつもびくびく人《ひと》をはばかっていたのでは、いつの日《ひ》にか、家来《けらい》や、隣国《りんごく》の大将《たいしょう》にあなどられ、せめほろぼされますぞ。」

言《い》われて梵天丸《ぼんてんまる》は、弱々《よわよわ》しくうなずいた。それはそのとおりだと、よくわかるからだ。しかし、理屈《りくつ》はそのとおりであっても、だから、この右目《みぎめ》を気《き》にしないという具《ぐ》合《あい》にはいかない。

死《し》に装束《しょうぞく》

それから、数日後《すうじつご》のことだった。

小十郎《こじゅうろう》が、また梵天丸《ぼんてんまる》とふたりきりで話《はな》したいと言《い》ってきた。

梵天丸《ぼんてんまる》がうなずくと、小十郎《こじゅうろう》は、一度部屋《いちどへや》を出《で》ていった。

しばらくして、あらためて小十郎《こじゅうろう》が部屋《へや》に入《はい》ってきたとき、梵天丸《ぼんてんまる》は、はっと息《いき》をのんだ。小十郎《こじゅうろう》が白《しろ》いかみしも、つまり白装束《しろしょうぞく》であったからだ。いや、小十郎《こじゅうろう》だけではなく、遊《あそ》び友《とも》だちの左馬助《さまのすけ》も藤五郎《とうごろう》も、いや泥松《どろまつ》までもが同《おな》じいでたちだった。

「なんじゃ、その姿《すがた》は？」

「ごらんのとおり、死《し》に装束《しょうぞく》でございます。」

小十郎《こじゅうろう》は、梵天丸《ぼんてんまる》を見《み》すえて言《い》った。顔《かお》は、緊張《きんちょう》しているためか、青白《あおじろ》く引《ひ》きつっている。

「なぜ？」

「若《わか》！　……この小十郎《こじゅうろう》がお供《とも》いたします。いっしょにはらを切《き》りましょう。」

「なにを言《い》う……、いったい……。」

すると小十郎《こじゅうろう》は、人《ひと》さし指《ゆび》をのばして、梵天丸《ぼんてんまる》の右眼《うがん》を指《さ》した。

「そのお目《め》のゆえでござる。そのお目《め》を気《き》になさっていては、しょせん、この伊達家《だてけ》は守《まも》れません。」

「…………。」

「お覚悟《かくご》を……。」

「どうしても死《し》なねばならぬか。」

父《ちち》よりも母《はは》よりもしたっている小十郎《こじゅうろう》の言葉《ことば》に、梵天丸《ぼんてんまる》は、声《こえ》をふるわせて問《と》いかえした。

「ひとつだけ生《い》きる道《みち》があります。」

「……？」

「お命《いのち》の代《か》わりに、そのお目《め》をちょうだいします。もし、失敗《しっぱい》しましたら、小十郎《こじゅうろう》は、はらを切《き》ります。いや小十郎《こじゅうろう》だけでなく、藤五郎《とうごろう》も左馬助《さまのすけ》も泥松《どろまつ》も、いっしょにあの世《よ》までお供《とも》いたします。」

梵天丸《ぼんてんまる》は、おそろしさにそのくちびるをふるわせたが、自分《じぶん》と運命《うんめい》をともにしようという、家来《けらい》でもあり、友《とも》だちでもある、みんなの思《おも》いつめた顔《かお》を見守《みまも》るうちに、おそろしく思《おも》いながらも、そうしなければならないような気《き》になってきた。

梵天丸《ぼんてんまる》はかすかにうなずいた。

「いたいのは一時《いっとき》でございます。その昔《むかし》、頼朝公《よりともこう》の家来鎌倉権五郎景政《けらいかまくらごんごろうかげまさ》は、右眼《うがん》にさ さった矢《や》を、友《とも》にぬいてもらいました。なかなかぬけず、その友《とも》は、権五郎《ごんごろう》をあおむけにねかせ、顔《かお》に足《あし》をかけ、やっとぬきとりました。ところが権五郎《ごんごろう》は起《お》きあがって、『武士《ぶし》の顔《かお》に足《あし》をかけるとはなにごと！』と、刀《かたな》の柄《つか》に手《て》をかけました。その友《とも》はあわててその無礼《ぶれい》をわびた、ということでございます。これこそ武者《むしゃ》の心《こころ》、と人《ひと》びとはほめたたえたそうでございます。」

梵天丸《ぼんてんまる》は、体《からだ》をふるわせながら、目《め》をとじた。早《はや》く――と言《い》っているかのようであった。

すると小十郎《こじゅうろう》は、藤五郎《とうごろう》たちにさっと目《め》くばせした。

「一時《いっとき》のご無礼《ぶれい》を！」

左右《さゆう》から梵天丸《ぼんてんまる》の両手《りょうて》を、ひとりが梵天丸《ぼんてんまる》の髪《かみ》をつかむと、小十郎《こじゅうろう》は、ふところにかくしもった小刀《こがたな》をとりだし、梵天丸《ぼんてんまる》にいざりよって、梵天丸《ぼんてんまる》の体《からだ》をだきかかえ、とびでた右眼《うがん》を切《き》りおとした。［1］

「あっ！」

梵天丸《ぼんてんまる》がさけぶと同時《どうじ》に、さっ、と血《ち》しぶきがとびちって、障子《しょうじ》とたたみを赤《あか》くそ

［1］発掘《はっくつ》された伊達政宗《だてまさむね》の遺骨《いこつ》からは、両眼《りょうがん》が最後《さいご》まであったと推測《すいそく》されている。ただし、右眼《うがん》はほぼ見《み》えない状態《じょうたい》だった。片倉小十郎《かたくらこじゅうろう》が小刀《こがたな》で切《き》りおとしたものは、疱瘡《ほうそう》によってできた嚢胞《のうほう》（できもの）であると考《かんが》えられている。

めた。

「いたい！」

梵天丸《ぼんてんまる》が泣《な》きさけぶのを、小十郎《こじゅうろう》は必死《ひっし》にだいた。

完全《かんぜん》に右眼《うがん》の肉塊《にっかい》が切《き》りおとされたと知《し》ると、小十郎《こじゅうろう》はかねて用意《ようい》の、薬箱《くすりばこ》、白布《はくふ》をとりよせた。

その白布《はくふ》を、血《ち》のふきでてくる右目《みぎめ》に当《あ》てた。

梵天丸《ぼんてんまる》は痛《いた》みのあまり、身《み》もだえする。

さわぎを聞《き》きつけた侍女《じじょ》たちがやってきて、あまりのおそろしさに立《た》ちすくんだ。

「なにをしている。医者《いしゃ》じゃ、手当《てあ》てじゃ。」

小十郎《こじゅうろう》がさけんだ。

父親《ちちおや》の輝宗《てるむね》も、数人《すうにん》の家来《けらい》とかけつけてきた。

その輝宗《てるむね》の前《まえ》に、小十郎《こじゅうろう》はひれふした。

「小十郎《こじゅうろう》の一存《いちぞん》で、若君《わかぎみ》のお目《め》を切《き》りおとしました。主君《しゅくん》の体《からだ》に刀《かたな》を当《あ》てた罪《つみ》のつぐ

ない は……。」

と、言《い》いも終《お》わらぬうちに、小十郎《こじゅうろう》はさっと双肌《もろはだ》ぬいで、梵天丸《ぼんてんまる》の目《め》を切《き》りおとした小刀《こがたな》をとりあげた。

「待《ま》て、小十郎《こじゅうろう》！」

輝宗《てるむね》がさけび、家来《けらい》たちもとびかかって、小十郎《こじゅうろう》をとりおさえた。とっさのことで、輝宗《てるむね》たちには、なにがなんだかわからない。

すると、うめいていた梵天丸《ぼんてんまる》が、小《ちい》さくさけんだ。

「小十郎《こじゅうろう》、死《し》ぬな。」

「おお、若《わか》！」

小十郎《こじゅうろう》は梵天丸《ぼんてんまる》ににじりよって、ひしとだきしめた。

「死《し》にませんとも……、この小十郎《こじゅうろう》、生《い》きるも死《し》ぬも、若《わか》といっしょでございます。」

小十郎《こじゅうろう》の腕《うで》の中《なか》で、梵天丸《ぼんてんまる》が小《ちい》さくうなずいたが、そのまま、がっくりと気《き》をうしなった。

梵天丸《ぼんてんまる》の右目《みぎめ》からの血《ち》が、梵天丸《ぼんてんまる》をだく小十郎《こじゅうろう》の白装束《しろしょうぞく》を、見《み》る見《み》る赤《あか》くそめていった。

「お命《いのち》が……。」

と、みなが顔色《かおいろ》をかえたが、かけつけた医者《いしゃ》が、脈《みゃく》をとって言《い》った。

「お気《き》をうしなわれてございます。寝所《しんじょ》のご用意《ようい》を……。」

強《つよ》い若君《わかぎみ》

それから、ざっと半月《はんつき》がすぎた。

4日目《よっかめ》ぐらいから、すこしずつ痛《いた》みがうすれ、10日《とおか》もたつと、すっかり痛《いた》みがなくなり、食欲《しょくよく》も出《で》てきた。

20日《はつか》がすぎたとき、医者《いしゃ》は包帯《ほうたい》をとった。

小十郎《こじゅうろう》たちも、傷《きず》あとがどうなったかと心配《しんぱい》で、まわりにすわっていた。

右眼《うがん》の切《き》りあとが、赤《あか》くいたいたしく見《み》えるが、傷口《きずぐち》は完全《かんぜん》にふさがっていた。みにくくない、といえばうそになる。しかし、いままでのように、たれさがった右眼《うがん》がなくなったので、気持《きも》ちがさっぱりした。

「これを、このようにします。」

医者《いしゃ》が、白布《はくふ》でたくみに右目《みぎめ》だけをおおった。

「いや、りっぱじゃ。うそではござらん。」

小十郎《こじゅうろう》は手《て》をたたいてよろこび、鏡《かがみ》をとりあげて、梵天丸《ぼんてんまる》の前《まえ》にさしだした。

うそではない。もともと目鼻立《めはなだ》ちの美《うつく》しかった梵天丸《ぼんてんまる》だったから、右目《みぎめ》の白包帯《しろほうたい》に映《は》えて、むしろりりしくさえ見《み》える。

「これならば、やがて三国一《さんごくいち》の花嫁《はなよめ》をおむかえなさいましょう。」

医者《いしゃ》が言《い》うと、小十郎《こじゅうろう》は、

「このようにするも、武者《むしゃ》ぶりのひとつではございませんか。」

と言《い》って、ふところから、赤《あか》いひものついた刀《かたな》のつばをとりだして、白布《はくふ》の上《うえ》から当《あ》ててみた。

「おお、強《つよ》そうじゃぞ！」

藤五郎《とうごろう》も左馬助《さまのすけ》も手《て》を打《う》ってたたえた。

「いや、『強《つよ》そう。』どころではない。あの痛《いた》みのなかで、若《わか》は、この小十郎《こじゅうろう》に、『死《し》ぬな。』とおおせられた。痛《いた》みにたえて、家来《けらい》の身《み》を案《あん》じられた。これはまさに、強《つよ》い、強《つよ》い御大将《おんたいしょう》の器《うつわ》である証拠《しょうこ》でございますぞ。」

梵天丸《ぼんてんまる》の包帯《ほうたい》がとれたと聞《き》いて、父《ちち》、母《はは》、乳母《うば》、そのほかおもだった家来《けらい》たちも、みんな祝《いわ》いにやってきた。

みんながそろったとき、梵天丸《ぼんてんまる》の師《し》の虎哉和尚《こさいおしょう》が、一座《いちざ》を見《み》わたして言《い》った。

「若君《わかぎみ》は隻眼《せきがん》〔2〕になられたことで、いささかご不自由《ふじゆう》ではございましょう。しかし、これは、戦国《せんごく》の世《よ》にある伊達家《だてけ》にとっては、めでたいことでございます。」

和尚《おしょう》は大《おお》きく自分《じぶん》の言葉《ことば》にうなずき、笑《え》みをうかべて、さらにつづけた。

「唐《から》（中国《ちゅうごく》）の本《ほん》にございます。『僖宗《きそう》のとき、黄巣乱《こうそうらん》を起《お》こす。李克用《りこくよう》、これをや

ぶる。時《とき》の人《ひと》、李克用《りこくよう》が隻眼《せきがん》の英雄《えいゆう》なるをもって、独眼竜《どくがんりゅう》と称《しょう》す。』……。反乱《はんらん》をおさめた李克用《りこくよう》は、隻眼《せきがん》の武将《ぶしょう》でございます。ゆえに人《ひと》びとは独眼竜《どくがんりゅう》とたたえました。いまから700年《ねん》の昔《むかし》、唐《とう》の時代《じだい》のことでございますが、若君《わかぎみ》も、よく修業《しゅぎょう》あそばされ、りっぱな武将《ぶしょう》となられ、この陸奥《みちのく》（いまの東北地方《とうほくちほう》）の戦乱《せんらん》を平《たい》らげ、あっぱれ日本国《にっぽんこく》の独眼竜《どくがんりゅう》とおなりなされませ。」

虎哉《こさい》の言葉《ことば》が終《お》わると、小十郎《こじゅうろう》が、ついと梵天丸《ぼんてんまる》にいざりよって、白布《はくふ》の代《か》わりに赤《あか》いひもを通《とお》した黒《くろ》のつばで右目《みぎめ》をおおった。

「おう、これでよろいかぶとに身《み》をかためれば、陸奥一《みちのくいち》の勇将《ゆうしょう》のつらがまえとなろう。」

父《ちち》の輝宗《てるむね》もにっこりとし、小十郎《こじゅうろう》の手《て》をとって目《め》をうるませた。

「小十郎《こじゅうろう》、そなたの忠誠《ちゅうせい》、余《よ》は生涯《しょうがい》わすれぬぞ。」

「もったいないお言葉《ことば》……。」

小十郎《こじゅうろう》もひれふして、感涙《かんるい》にむせんだ。

この梵天丸《ぼんてんまる》の幼年時代《ようねんじだい》をつたえる古《ふる》い本《ほん》には、「赤面《せきめん》、含羞《がんしゅう》の色《いろ》あり、女児《じょじ》の如《ごと》し。」とある。すぐ顔《かお》を赤《あか》らめ、はずかしがりやで、女《おんな》の子《こ》のようだ、というわけだ。しかし、それは、深《ふか》くものを考《かんが》え、自分《じぶん》というものをいつも意識《いしき》する、感受性《かんじゅせい》の強《つよ》い子《こ》であったからだ。少年時代《しょうねんじだい》、臆病《おくびょう》とそしられながら、成人《せいじん》して勇者《ゆうしゃ》になった例《れい》は多《おお》くある。北条家《ほうじょうけ》の3代目氏康《だいめうじやす》は、わずかの手兵《しゅへい》を引《ひ》きつれ、10倍《ばい》もの敵《てき》をやぶるという、河越城《かわごえじょう》の合戦《かっせん》（日本《にほん》三大夜戦《だいやせん》のひとつ）で武名《ぶめい》を天下《てんか》にとどろかせた大将《たいしょう》だが、少年時代《しょうねんじだい》は、すこしのことでもおどろき、おそれる臆病者《おくびょうもの》だった。父《ちち》の2代目氏《だいめうじ》綱《つな》は、この子《こ》はよく北条《ほうじょう》の家門《かもん》を守《まも》れるだろうかと、ゆくすえを心配《しんぱい》した。ところが側《そば》に仕《つか》える家来《けらい》が、「強《つよ》い馬《うま》ほど感《かん》じやすく、おどろきやすいものです。」と言《い》って、氏康《うじやす》をなぐさめ、はげましたという。

「女児《じょじ》の如《ごと》し。」と言《い》われた梵天丸《ぼんてんまる》が、いつごろから、たけだけしい若武者《わかむしゃ》に成長《せいちょう》し

［2］ひとつの目《め》のこと。独眼《どくがん》。

ていったのかはわからないが、この右眼切断《うがんせつだん》のときは、ちょうど、幼年《ようねん》から少年《しょうねん》にかわる時期《じき》でもあった。

元服《げんぷく》

その年《とし》、天正《てんしょう》5（1577）年《ねん》の11月《がつ》、伊達輝宗《だててるむね》は、とつぜん梵天丸《ぼんてんまる》を元服《げんぷく》させた。

「まだ梵天丸《ぼんてんまる》どのは11歳《さい》。いささか早《はよ》うはございませぬか。」

妻《つま》の義姫《よしひめ》が、いくらか不服《ふふく》そうに言《い》った。

「あの子《こ》はかしこい。元服《げんぷく》も、家督《かとく》をつぐのも早《はや》いほうがよい。」

「やはり、梵天丸《ぼんてんまる》どのに、あとをつがせますか。」

義姫《よしひめ》は不満《ふまん》そうだった。

「長男《ちょうなん》にあとをとらせるのが、順序《じゅんじょ》というものであろう。」

「しかし、梵天丸《ぼんてんまる》どのは隻眼《せきがん》、いくさには不自由《ふじゆう》でございましょう。むしろ、あのかしこさ、学問好《がくもんず》きは、僧《そう》に向《む》いておりましょう。」

「そなたは、それほどまでに、竺丸《じくまる》に家督《かとく》をつがせたいか。」

「なにをおおせられます。わたしは梵天丸《ぼんてんまる》の身《み》の上《うえ》を案《あん》じて、申《もう》しあげているのです。」

「梵天丸《ぼんてんまる》を案《あん》じ、伊達家《だてけ》のためを思《おも》うなら、もうなにも言《い》うな。」

義姫《よしひめ》ははら立《だ》たしそうに座《ざ》を立《た》って、自分《じぶん》の部屋《へや》に帰《かえ》っていった。

輝宗《てるむね》が、梵天丸《ぼんてんまる》を早《はや》く元服《げんぷく》させようとしたのにはわけがある。

大名《だいみょう》の家《いえ》には、よくあることだが、城内《じょうない》には、梵天丸《ぼんてんまる》をいただく片倉小十郎《かたくらこじゅうろう》をはじめとする武将《ぶしょう》たちと、弟《おとうと》の竺丸《じくまる》に次《つぎ》の伊達家《だてけ》をつがせようとする武将《ぶしょう》たちの、2派《は》に分《わ》かれようとするきざしがあった。

この時代《じだい》は、伊達家《だてけ》といっても、そのなかには、いくつもの城《しろ》を持《も》ち、半分独立《はんぶんどくりつ》、半分家来《はんぶんけらい》、といった豪族《ごうぞく》も多《おお》くある。かれらは、つねに自分《じぶん》の得《とく》する主人《しゅじん》を立《た》てようと、日《ひ》ごろからひそかにたくらんでいる。

最上家《もがみけ》から嫁《よめ》にきた義姫《よしひめ》が竺丸《じくまる》びいき、と知《し》ると、これに味方《みかた》することが自分《じぶん》にとって得《とく》だ、と判断《はんだん》する豪族《ごうぞく》も多《おお》かった。また、いまは伊達家《だてけ》の家来《けらい》でも、最上一族《もがみいちぞく》と親戚《しんせき》の関係《かんけい》にある豪族《ごうぞく》もいる。それに、義姫《よしひめ》の兄《あに》の最上義光《もがみよしあき》は、年少《ねんしょう》のころから武《ぶ》勇《ゆう》ならぶ者《もの》なき剛《ごう》の者《もの》だ。その義光《よしあき》が、妹《いもうと》のかわいがる竺丸方《じくまるがた》についてあとおしすると、伊達家《だてけ》がふたつに分裂《ぶんれつ》するおそれもある。そこで輝宗《てるむね》は、早《はや》く家督《かとく》を決《き》めてしまったのだ。

輝宗《てるむね》には少年《しょうねん》のころ、いやな思《おも》い出《で》がある。祖父《そふ》の稙宗《たねむね》と父《ちち》の晴宗《はるむね》が対立《たいりつ》したこと、さらに自分《じぶん》が成人《せいじん》してからは、父《ちち》の晴宗《はるむね》ともあらそうことがあって、近隣《きんりん》の大名《だいみょう》たちにつけこまれ、一時《いちじ》伊達《だて》の勢力《せいりょく》がおとろえたのである。父子《ふし》の争《あらそ》いのもとは、たいてい政略結婚《せいりゃくけっこん》が原因《げんいん》となることが多《おお》い。

「父《ちち》が、そなたを名《な》づけよう。藤次郎政宗《とうじろうまさむね》と名乗《なの》れ。」

「えっ。」

梵天丸《ぼんてんまる》も、ひかえていた重臣《じゅうしん》たちもおどろいた。

「政宗《まさむね》」は、じつは伊達家中興《だてけちゅうこう》の祖《そ》といわれる、9代目《だいめ》の名《な》であったからだ。

「それは、あまりにもおそれおおいこと。」

梵天丸《ぼんてんまる》は首《くび》をふった。

「いや、これから伊達家《だてけ》は、いよいよたいへんなときをむかえる。これをのりこえるためには、政宗《まさむね》さまのようなお方《かた》でなければならないのじゃ。」

梵天丸《ぼんてんまる》も、たびたび、この政宗公《まさむねこう》の名《な》は聞《き》いている。文武両道《ぶんぶりょうどう》にすぐれ、家来《けらい》たちからは、やさしい父親《ちちおや》のようにしたわれ、領内《りょうない》の農民《のうみん》たちをよくおさめ、名君《めいくん》とあがめられたという。教養《きょうよう》も深《ふか》く、とりわけ歌《うた》をよくよみ、その名《な》は遠《とお》く、京《きょう》の朝廷《ちょうてい》にも聞《き》こえたということだ。

伊達家《だてけ》では、代々《だいだい》、元服《げんぷく》のとき、室町幕府《むろまちばくふ》から足利将軍《あしかがしょうぐん》の名《な》の1字《じ》をもらったものである。ところが、政宗《まさむね》にかぎっては将軍名《しょうぐんめい》と関係《かんけい》がない。将軍《しょうぐん》の名《な》は、足利義昭《あしかがよしあき》だ。しかし義昭《よしあき》は、織田信長《おだのぶなが》を利用《りよう》しようとして、かえって信長《のぶなが》に追《お》われ、京《きょう》を去《さ》って諸国《しょこく》を流浪《るろう》している身《み》。室町《むろまち》（足利《あしかが》）幕府《ばくふ》は事実上《じじつじょう》ほろびたといってよい。目《め》に見《み》えないながら、新《あたら》しい時代《じだい》の波《なみ》がひたひたと、この陸奥《みちのく》の地《ち》にもおしよせている。

「若《わか》！　お受《う》けなされませ。そして、御先代《ごせんだい》の政宗公《まさむねこう》をしのぐ御大将《おんたいしょう》におなりくだされ。」

小十郎《こじゅうろう》が、梵天丸《ぼんてんまる》をはげまして言《い》った。

愛姫《めごひめ》をむかえる

天正《てんしょう》7（1579）年《ねん》の冬《ふゆ》、藤次郎政宗《とうじろうまさむね》は、三春《みはる》の城主《じょうしゅ》田村清顕《たむらきよあき》の娘《むすめ》、愛姫《めごひめ》と結婚《けっこん》することになった。

「殿《との》、うれしゅうございましょう。」

年上《としうえ》の小十郎《こじゅうろう》が、わらいながら政宗《まさむね》に言《い》った。

「うれしいものか。お家《いえ》のためと思《おも》って、父上《ちちうえ》に返事《へんじ》をしたが、おれはほんとうは、そのようなものはいらんのじゃ。」

しかし、小十郎《こじゅうろう》はとりあわない。

「姫《ひめ》は、お美《うつく》しい方《かた》だそうにございます。この小十郎《こじゅうろう》、殿《との》がうらやましくてなりません。」

小十郎《こじゅうろう》は、くすくすわらいながら言《い》う。

「うわさを信《しん》じてはならぬ、といつか、小十郎《こじゅうろう》はわしに言《い》ったぞ。見《み》てもいないのに、どうして『美《うつく》しい方《かた》』などと言《い》うぞ。」

「名《な》は体《たい》を表《あらわ》す、と申《もう》しますぞ。」

なるほど愛姫《めごひめ》とは、よく名《な》づけたものだ。かわいいことを、東北《とうほく》ではめんこいという。

「めんこい姫《ひめ》」ということで、いつか愛姫《めごひめ》とよばれたのであろう。

「花嫁行列《はなよめぎょうれつ》は雪《ゆき》の深《ふか》い板屋峠《いたやとうげ》をさけて、遠《とお》まわりして小坂峠《こさかとうげ》を通《とお》って、この米沢《よねざわ》にやってくるようすです。」

「…………」

「愛姫《めごひめ》さまはまだ11歳《さい》。だれも顔《かお》の見知《みし》った人《ひと》のいない、この伊達家《だてけ》へ輿入《こしい》れなさるのです。いまごろは、きっとお人形《にんぎょう》をだいて、かごにゆられておられることでございましょう。」

「そうか、わしよりふたつ年下《としした》か。」

政宗《まさむね》は、まだ見《み》ぬ愛姫《めごひめ》がいじらしくなった。

13歳《さい》と11歳《さい》の夫婦《ふうふ》では、いくら早熟《そうじゅく》な時代《じだい》でも早《はや》すぎる。それというのも、やはり政略結婚《せいりゃくけっこん》だからだ。

愛姫《めごひめ》の父《ちち》、三春《みはる》の城主《じょうしゅ》田村氏《たむらし》は、西《にし》の蘆名氏《あしなし》、二階堂氏《にかいどうし》、東《ひがし》の相馬氏《そうまし》といった強大《きょうだい》な大名《だいみょう》にとりかこまれて、いつも国境《こっきょう》をおびやかされていた。そこで北西《ほくせい》に位置《いち》する伊達氏《だてし》と親族《しんぞく》になることで、領地《りょうち》を守《まも》ろうとしたのである。

「なにも、あのような小名《しょうみょう》（小豪族《しょうごうぞく》）の娘《むすめ》と縁組《えんぐ》みをしなくても、蘆名《あしな》、相馬《そうま》といった名門《めいもん》から、嫁《よめ》をむかえればよろしいのに。いや、実家《じっか》の最上《もがみ》の一門《いちもん》にだって、年《とし》ごろの姫《ひめ》はおりますのに……。」

妻《つま》の義姫《よしひめ》は、輝宗《てるむね》に反対《はんたい》して言《い》った。しかし、輝宗《てるむね》はとりあわなかった。強大《きょうだい》な隣国《りんごく》と親族《しんぞく》になれば、ときに伊達家《だてけ》のやり方《かた》に口《くち》をさしはさんだり、果《は》ては内部《ないぶ》の分裂《ぶんれつ》にまで広《ひろ》がることもある。しかし田村《たむら》は小名《しょうみょう》、おそらく伊達家《だてけ》を立《た》てることで、自分《じぶん》の一族《いちぞく》を守《まも》ろうとするであろう。あるじ清顕《きよあき》も誠実《せいじつ》な人物《じんぶつ》だと聞《き》いていたので、思《おも》いきって、この結婚《けっこん》にふみきったのであった。

しかし、このことで、最上家出身《もがみけしゅっしん》の義姫《よしひめ》と、夫《おっと》の輝宗《てるむね》の間《あいだ》の溝《みぞ》がまた大《おお》きく広《ひろ》がることとなった。それは、輝宗《てるむね》が期待《きたい》をかける政宗《まさむね》に、義姫《よしひめ》の母親《ははおや》としての愛情《あいじょう》がうすらぎ、そのぶん弟《おとうと》の竺丸《じくまる》をかわいがるということである。そして、義姫《よしひめ》の実家《じっか》の兄《あに》最上義光《もがみよしあき》も、ひそかに竺丸《じくまる》をささえようという気持《きも》ちになっている、ということでもある。最上義光《もがみよしあき》も、陸奥《みちのく》にあっては指折《ゆびお》りの強《つよ》い戦国大名《せんごくだいみょう》であった。

政宗《まさむね》と愛姫《めごひめ》は、おままごとのようにならんで、式《しき》をあげた。

ふたりきりになると、政宗《まさむね》は姫《ひめ》に聞《き》いた。

「姫《ひめ》、姫《ひめ》はわしがこわいか。」

姫《ひめ》は首《くび》をふった。

「とても強《つよ》そうだけど、白《しろ》い布《ぬの》がにあっています。」

姫《ひめ》はほんとうにそう思《おも》っているらしく、にこにこして言《い》った。いつもの眼帯代《がんたいが》わりの刀《かたな》のつばを外《はず》して、侍女《じじょ》が白絹《しらぎぬ》の眼帯《がんたい》に、うすむらさきのひもをつけてくれたのである。藤色《ふじいろ》の小袖《こそで》と、よくにあっている。

「その白《しろ》い布《ぬの》を外《はず》してみせてください。」

と、指《ゆび》さして言《い》った。人見知《ひとみし》りしない性格《せいかく》なのであろう。

政宗《まさむね》はあわてた。

「だめじゃ、まだ傷《きず》あとが赤《あか》くて、見《み》たら、きっとおそろしくなる。」

「そう……。じゃ、まだいたいでしょう。おかわいそう。」

愛姫《めごひめ》が、まるで昔《むかし》からいっしょに住《す》んでいる妹《いもうと》のように、親《した》しみをこめて言《い》うので、政宗《まさむね》はすっかりうれしくなった。

「姫《ひめ》は、京《きょう》へ行《い》ったことはないだろう。」

――もちろん――と言《い》うように愛姫《めごひめ》はうなずき、

「殿《との》は？」

「行《い》ったことはないけど、いつか行《い》く。」

「おひとりで。」

「もちろん姫《ひめ》もつれていってやる。」

「いつ。」

「この陸奥《みちのく》の大名《だいみょう》をしたがえ、関東《かんとう》の北条氏《ほうじょうし》を討《う》ち、日本《にっぽん》の東半分《ひがしはんぶん》を平定《へいてい》して、10万人《まんにん》の軍勢《ぐんぜい》を引《ひ》きつれて京《きょう》に入《はい》る。姫《ひめ》には、京《きょう》の公家《くげ》たちもおどろくような、きれいなかごに乗《の》せてやる。」

「うわー、すばらしい。」

姫《ひめ》は、手《て》をたたいてよろこんだ。

3 人取橋《ひとどりばし》の合戦《かっせん》

初陣《ういじん》

政宗《まさむね》の初陣《ういじん》は2年後《ねんご》、天正《てんしょう》9（1581）年《ねん》5月《がつ》、15歳《さい》のときであった。

政宗《まさむね》は、父《ちち》の輝宗《てるむね》が合戦《かっせん》に出《で》るたびに初陣《ういじん》をねがったが、輝宗《てるむね》は、まだ早《はや》いと言《い》ってゆるさなかった。政宗《まさむね》はいらだった。武将《ぶしょう》の子《こ》として生《う》まれたからには、合戦《かっせん》にのぞまなければ一人前《いちにんまえ》ではない。愛姫《めごひめ》にも、一日《いちにち》も早《はや》く伊達家《だてけ》の若大将《わかだいしょう》ぶりを見《み》せてやりたいと、少年《しょうねん》らしい気負《きお》いをもてあまして、いらだつことの多《おお》かったこの2年《ねん》である。

かぶとには三日月《みかづき》の前立《まえだ》て（かぶとの前部《ぜんぶ》に立《た》てるかざり）を打《う》ち、よろいは若武者《わかむしゃ》にふさわしい緋縅《ひおどし》（赤《あか》い革《かわ》ひもや糸《いと》であんであるよろい）を着《き》た。

「りりしいお姿《すがた》、めでたいおふるまいを。」

愛姫《めごひめ》が顔《かお》を赤《あか》らめてこう言《い》うと、政宗《まさむね》の手《て》にしたさかずきに、祝《いわ》い酒《ざけ》を注《そそ》いだ。

勝《か》ち栗《ぐり》や、こんぶなど、縁起《えんぎ》の膳《ぜん》が運《はこ》ばれてきた。

たたかう相手《あいて》は、伊達郡《だてぐん》（福島県北東部《ふくしまけんほくとうぶ》）の東《ひがし》に接《せっ》し、岩城郡《いわきぐん》（福島県南東部《ふくしまけんなんとうぶ》）の浜通《はまどお》り（海岸《かいがん》ぞい）にまで勢力《せいりょく》を広《ひろ》げている相馬氏《そうまし》である。伊達郡《だてぐん》は、その名《な》のとおり、伊達氏一族《だてしいちぞく》がおこったところである。

もともとは、常陸《ひたち》の国《くに》（茨城県《いばらきけん》）の御家人《ごけにん》の出《で》であったが、その祖《そ》朝宗《ともむね》が奥州平定《おうしゅうへいてい》の手柄《てがら》により、源頼朝《みなもとのよりとも》から、伊達郡《だてぐん》に地頭職《じとうしき》をもらい、ここにうつりすんで、伊達《だて》氏《し》を名乗《なの》るようになったという。

伊達郡《だてぐん》の北東《ほくとう》に接《せっ》する伊具郡《いぐぐん》（宮城県南部《みやぎけんなんぶ》）も伊達家《だてけ》の領土《りょうど》であったが、政宗《まさむね》の祖《そ》父《ふ》の没後《ぼつご》に、その土地《とち》の一部《いちぶ》を相馬氏《そうまし》にうばわれてしまっていた。

今度《こんど》の出陣《しゅつじん》は、旧領地《きゅうりょうち》をとりかえすためのものである。だがこのいくさは、思《おも》いのほか手間《てま》どった。

勝《か》ったり、負《ま》けたり、城《しろ》をうばったり、うばいかえされたり……をくりかえしたが、ついに旧領《きゅうりょう》をうばいかえし、相馬氏《そうまし》の棟梁《とうりょう》、相馬義胤《そうまよしたね》と和睦《わぼく》した。3年後《ねんご》の天正《てんしょう》12（1584）年《ねん》のことであった。

18歳《さい》となった政宗《まさむね》は、父《ちち》の保護《ほご》のもとにたたかう若武者《わかむしゃ》から、いつか、ともすれば弱気《よわき》になる父輝宗《ちちてるむね》をはげます、総大将格《そうだいしょうかく》にのしあがっていた。

相馬義胤《そうまよしたね》の使者《ししゃ》が米沢城《よねざわじょう》にやってきて、和平《わへい》の酒宴《しゅえん》が行《おこな》われた。

「めでたい、めでたい。」

と、一同《いちどう》がよろこぶなかで、政宗《まさむね》だけがにがそうに、さかずきを口《くち》に運《はこ》んでいた。

「いかがなされました、若《わか》。」

そばにいた小十郎《こじゅうろう》が、そっとたずねた。

「小十郎《こじゅうろう》、このたびの相馬《そうま》とのいくさには、3年《ねん》もかかった。しかも、結果《けっか》は旧領《きゅうりょう》をとりもどしたにすぎない。こんなことをしていたのでは、世《よ》の中《なか》にとりのこされてしまう。」

政宗《まさむね》はくちびるをかんだ。

「はて、世《よ》の中《なか》にとりのこされる……と申《もう》しますと？」

「小十郎《こじゅうろう》、わが伊達家《だてけ》は、いつの日《ひ》になったら、京《きょう》へ兵《へい》を進《すす》められるのだ。」

なるほど、そういうことか。小十郎《こじゅうろう》も、うーんとうなってしまった。

日本一《にほんいち》の騎馬軍団《きばぐんだん》を持《も》つと言《い》われた武田信玄《たけだしんげん》が死《し》んで10年《ねん》。越後《えちご》の虎《とら》、上杉謙信《うえすぎけんしん》は、織田信長《おだのぶなが》の武力《ぶりょく》で天下《てんか》をおさめる「天下布武《てんかふぶ》」に挑戦《ちょうせん》しながら、出陣間際《しゅつじんまぎわ》に急《きゅう》死《し》。天下統一《てんかとういつ》は、地《ち》の利《り》にめぐまれ、近代的《きんだいてき》な鉄砲隊《てっぽうたい》を組織《そしき》した織田信長《おだのぶなが》の手《て》で——と思《おも》われた矢先《やさき》、家来《けらい》の明智光秀《あけちみつひで》の謀反《むほん》によって、信長《のぶなが》は本能寺《ほんのうじ》でおそわれて死《し》んだ。その明智《あけち》は、山崎《やまざき》の合戦《かっせん》で、信長《のぶなが》の家来《けらい》の羽柴秀吉《はしばひでよし》（のちの豊臣秀吉《とよとみひでよし》）に討《う》たれた。

「その秀吉《ひでよし》が、いよいよ、小田原《おだわら》の北条《ほうじょう》をせめるといううわさですな。」

小十郎《こじゅうろう》が言《い》った。

「そうだ。それなのにわれらは、たかが陸奥《むつ》の一郡《ぐん》を、とったりとられたりで明《あ》けくれている。こんなことで月日《つきひ》をすごしてよいものか。」

「とすると、いかがすればよろしいのですか。」

「とりあえず、この奥州《おうしゅう》の諸大名《しょだいみょう》を連合《れんごう》させ、小田原《おだわら》の北条氏《ほうじょうし》の後《うし》ろだてとなり、秀《ひで》吉《よし》に当《あ》たる。」

しかし、その秀吉《ひでよし》の勢力《せいりょく》があなどりがたいという報告《ほうこく》が、つぎつぎ入《はい》ってくる。

伊達家《だてけ》には「黒脛巾組《くろはばきぐみ》」という忍者部隊《にんじゃぶたい》があった。かれらは合戦《かっせん》のときは、敵《てき》の裏《うら》にまわって、デマをとばす。ひそかに陣屋《じんや》に近《ちか》づき、火《ひ》を放《はな》ち、馬小屋《うまごや》の馬《うま》を引《ひ》きだして放《はな》してしまうなど、裏《うら》から伊達《だて》を援護《えんご》する。しかし合戦《かっせん》がおさまると、各地《かくち》をたんねんにまわってさまざまな情報《じょうほう》を集《あつ》めてきていた。

数日後《すうじつご》も、また、上方《かみがた》から黒脛巾組《くろはばきぐみ》の者《もの》がもどってきて、政宗《まさむね》に報告《ほうこく》した。

「秀吉《ひでよし》とは、それほどに強《つよ》い武将《ぶしょう》か。」

「いくさ上手《じょうず》であるうえに、家来《けらい》をなびかせることにも、たけております。羽柴《はしば》どの（秀吉《ひでよし》）に会《あ》うと、日《ひ》ごろ憎《にく》しみをいだく者《もの》も、ころっとまいってしまい、したがうそうにございます。」

18歳《さい》の政宗《まさむね》には、そこのところがよくわからない。

「織田《おだ》どのが討《う》たれたとき、羽柴《はしば》どのは、遠《とお》く備中《びっちゅう》（岡山県《おかやまけん》）の毛利《もうり》ぜめにおりました。羽柴《はしば》どのは、織田《おだ》どのの死《し》を聞《き》いて、ひと晩中《ばんじゅう》、声《こえ》をあげて泣《な》いたそうにございます。」

「一軍《いちぐん》の大将《たいしょう》たるものが、めめしいやつよ。」

「いえいえ、それが……次《つぎ》の日《ひ》には、備中高松城《びっちゅうたかまつじょう》を降参《こうさん》させ、毛利《もうり》と和睦《わぼく》し、3日後《みっかご》には、すでにとってかえして、明智《あけち》どのを山崎《やまざき》にせめました。羽柴《はしば》どのがあまりに早《はや》くせめてきたので、軍略家《ぐんりゃくか》の明智《あけち》どのでさえ、立《た》ちおくれて、あっけない負《ま》けいくさ。」

「うむ。」

「羽柴《はしば》どのは、明智《あけち》をせめるにあたって、ご自分《じぶん》の城《しろ》（姫路城《ひめじじょう》）の財宝《ざいほう》をすべて、家来《けらい》におあたえになったといいます。」

「はげますためにか。」

「いえ、それが……。明智《あけち》を討《う》って京《きょう》へ入《はい》り、天下《てんか》に号令《ごうれい》するから、もう姫路《ひめじ》にはもどらないからだ、とおおせられたそうでございます。」

政宗《まさむね》は、いっそうにがい顔《かお》になった。18歳《さい》の野望《やぼう》にもえる政宗《まさむね》は、そんな秀吉《ひでよし》をみとめたくない気持《きも》ちだ。だがいっぽう、政宗《まさむね》には、事実《じじつ》は事実《じじつ》と判断《はんだん》する冷静《れいせい》さもあった。

こんなとき、とつぜん父《ちち》の輝宗《てるむね》が、政宗《まさむね》に家督《かとく》をゆずる、と申《もう》しわたした。

「なにをおおせられます。父上《ちちうえ》は、まだ41ではございませんか。」

「あの織田《おだ》どの（信長《のぶなが》）も、家督《かとく》をついだのは18であったそうな。世《よ》の中《なか》の大《おお》きな変《か》わり目《め》の時代《じだい》に、わしがあるじでは、わしとかかわりの深《ふか》い大名《だいみょう》や家来《けらい》たちとの、古《ふる》い関係《かんけい》がたちきれない。そしてやがては、時代《じだい》にとりのこされるだろう。」

政宗《まさむね》は、しばらく考《かんが》えさせてほしいと、父《ちち》の前《まえ》を引《ひ》きさがった。

戦乱《せんらん》のなかのわずかなひまにもよく書《しょ》を読《よ》む政宗《まさむね》は、筋道《すじみち》を立《た》てることが、世《よ》をみだれさせないもとであると信《しん》じていた。

この一、二年《ねん》の合戦《かっせん》では、父《ちち》と子《こ》はよく、作戦上《さくせんじょう》で対立《たいりつ》をした。つねに、強気《つよき》の作《さく》戦《せん》を立《た》てるのは政宗《まさむね》のほうであった。はげしい討論《とうろん》のすえに政宗《まさむね》の意見《いけん》が通《とお》り、そしてその作戦《さくせん》がみごと成功《せいこう》する、という場合《ばあい》が多《おお》かった。それで家来《けらい》たちも、合戦《かっせん》にかぎっていえば、政宗《まさむね》にしたがうという気持《きも》ちが強《つよ》い。

——ひょっとすると、自分《じぶん》の生《い》き方《かた》が、父上《ちちうえ》の心《こころ》を圧迫《あっぱく》しているのではないか。もしそうだとしたら、これは親不孝《おやふこう》なことであり、人《ひと》の道《みち》にそむくものだ。

政宗《まさむね》はなやんだすえ、虎哉和尚《こさいおしょう》に相談《そうだん》した。

「それは考《かんが》えすぎでしょう。すべては父君《ちちぎみ》のおっしゃるとおりです。新《あたら》しい時代《じだい》には、新《あたら》しい武将《ぶしょう》がふさわしく、また、新《あたら》しい人間《にんげん》の関係《かんけい》をつくっておかなければなりません。」

政宗《まさむね》は、父《ちち》の申《もう》し出《で》を素直《すなお》に受《う》けることにした。父《ちち》の輝宗《てるむね》は、米沢《よねざわ》の町《まち》はずれに隠《いん》居《きょ》した。

小手森城《おでもりじょう》の撫《な》で切《ぎ》り

安達郡《あだちぐん》（福島県北東部《ふくしまけんほくとうぶ》）の小浜城《おばまじょう》に、大内定綱《おおうちさだつな》という武将《ぶしょう》がいた。領地《りょうち》はせまいので、家来《けらい》は少《すく》ないが、武勇《ぶゆう》にすぐれ、ならびない合戦上手《かっせんじょうず》であったから、伊達氏《だてし》、蘆名氏《あしなし》、相馬氏《そうまし》らは、自分《じぶん》の味方《みかた》に引《ひ》きいれようと熱心《ねっしん》にさそった。

定綱《さだつな》は、以前伊達家《いぜんだてけ》にしたがっていたが、黒川城《くろかわじょう》（福島県会津若松市《ふくしまけんあいづわかまつし》。いまの鶴《つる》ケ《が》城《じょう》）をかまえる蘆名氏《あしなし》が強大《きょうだい》になると、こちらについた。その定綱《さだつな》が、家督《かとく》をついだ政宗《まさむね》のもとにあらわれ、ふたたび伊達方《だてがた》についた。

「今度《こんど》という今度《こんど》は、ご当家《とうけ》の家来《けらい》となります。その証拠《しょうこ》には、これからは、妻子《さいし》ともども、この米沢《よねざわ》に住《す》む覚悟《かくご》です。」

政宗《まさむね》は、それを聞《き》いて、ゆるした。

ところが、定綱《さだつな》はひと冬《ふゆ》を米沢《よねざわ》ですごすと、小浜城《おばまじょう》に帰《かえ》って、もどってこない。調《しら》べてみると、蘆名家《あしなけ》に出入《でい》りしているという。

政宗《まさむね》は、大内定綱《おおうちさだつな》を討《う》つことにした。父《ちち》の輝宗《てるむね》は、大内《おおうち》のいくさ上手《じょうず》を、年少《ねんしょう》の政《まさ》宗《むね》がせめぬけるかどうか心配《しんぱい》だった。

「しかし、大内定綱《おおうちさだつな》だけはなんとしても討《う》たねばなりませぬ。あの男《おとこ》が、裏切《うらぎ》りに裏《うら》切《ぎ》りを重《かさ》ねるのは、この伊達家《だてけ》をなめているからです。」

政宗《まさむね》の言《い》うとおりだった。

定綱《さだつな》は、奥羽《おうう》の大名《だいみょう》たちが自分《じぶん》を味方《みかた》に引《ひ》きいれるために、ごきげんをうかがっているど信《しん》じている。戦国《せんごく》の世《よ》だから、自分《じぶん》のような合戦上手《かっせんじょうず》は、のどから手《て》が出《で》るほどほしいはずだ――。それが定綱《さだつな》のねらいであった。

定綱《さだつな》は、傍若無人《ぼうじゃくぶじん》の男《おとこ》でもあった。定綱《さだつな》は蘆名氏《あしなし》の黒川城《くろかわじょう》に行《い》って、

「評判《ひょうばん》の政宗《まさむね》を見《み》にいったが、瓜《うり》の子《こ》は瓜《うり》でござった。もともと伊達《だて》の兵《へい》は弱《よわ》いが、政宗《まさむね》の代《だい》になってもかわらぬ。もし合戦《かっせん》となりましたら、せっしゃが伊達《だて》の若瓜《わかうり》を、ころりと切《き》りおとしてみせましょう。はっはっはっ。」

とわらった。

これが蘆名方《あしながた》の評判《ひょうばん》になり、やがて、政宗《まさむね》の耳《みみ》にも聞《き》こえてきた。政宗《まさむね》がおこるのもむりはなかった。

政宗《まさむね》は5000の兵《へい》をひきいて、南《みなみ》に向《む》かって出陣《しゅつじん》した。ゆくてには、磐梯山《ばんだいさん》が秋《あき》の空《そら》にそびえている。磐梯山《ばんだいさん》は明治《めいじ》21（1888）年《ねん》になって大爆発《だいばくはつ》し、いまの山《やま》の形《かたち》になった。天《てん》にのぼるために神《かみ》さまが石段《いしだん》をきずいたという伝説《でんせつ》をもつ、美《うつく》しい山《やま》である。

大内定綱《おおうちさだつな》には、二本松城《にほんまつじょう》（福島県二本松市《ふくしまけんにほんまつし》）の畠山義継《はたけやまよしつぐ》、また蘆名方《あしながた》もくわわった。大内定綱《おおうちさだつな》は、決戦《けっせん》の場《ば》を見《み》ぬいて、兵《へい》を進《すす》め、小手森城《おでもりじょう》（福島県二本松市《ふくしまけんにほんまつし》）に入《はい》った。

政宗《まさむね》が総大将《そうだいしょう》となっての第《だい》1戦《せん》は、蘆名氏《あしなし》とたたかう苦《くる》しいものとなった。

合戦《かっせん》は磐梯山《ばんだいさん》のふもと、檜原《ひばら》で始《はじ》まった。

政宗《まさむね》は強大《きょうだい》な蘆名軍《あしなぐん》にもひるむことなくせめたが、かんたんにたおせる相手《あいて》ではない。機《き》を見《み》て反転《はんてん》し、定綱《さだつな》のいる小手森城《おでもりじょう》へ向《む》かった。

小手森城《おでもりじょう》は小高《こだか》い山《やま》の頂上《ちょうじょう》にある。

伊達軍《だてぐん》は小手森城《おでもりじょう》をすっかり囲《かこ》むと、総攻撃《そうこうげき》を開始《かいし》した。

政宗《まさむね》がきたえあげた鉄砲隊《てっぽうたい》が、いっせいに射撃《しゃげき》を始《はじ》め、伊達軍《だてぐん》はもうぜんと突進《とっしん》した。

たちまち、大内方《おおうちがた》は総《そう》くずれとなり、大半《たいはん》の兵《へい》は討《う》たれ、定綱《さだつな》の家臣《かしん》が降伏《こうふく》を申《もう》しいれてきた。

だが、政宗《まさむね》はゆるさなかった。

「ゆるさぬ。せめおとせ。女《おんな》、子《こ》どもといえども、討《う》ちはたせ。」

「殿《との》、それはあまりに……。」

小十郎《こじゅうろう》がおどろいて、いさめようとした。

「だめじゃ、いつもいつも、手《て》ぬるい処置《しょち》をしていたのでは、いくさはいつまでもつづく。以後《いご》、伊達《だて》の処置《しょち》はこのとおりと、奥州《おうしゅう》の大名《だいみょう》たちに思《おも》い知《し》らせるのが、とり

もなおさず、いくさを早《はや》く終《お》わらせることになるのじゃ。」

片倉小十郎《かたくらこじゅうろう》の意見《いけん》には、いつもしたがう政宗《まさむね》も、このときばかりは、頑《がん》として聞《き》きいれなかった。

城兵《じょうへい》、女《おんな》、子《こ》どもの区別《くべつ》なく、800人《にん》も切《き》られた。

だが城主大内定綱《じょうしゅおおうちさだつな》は、本城《ほんじょう》の小浜城《おばまじょう》ににげのびた。

政宗《まさむね》は、さらに小浜城《おばまじょう》をせめた。城《しろ》はやがて落《お》ちたが、またも定綱《さだつな》は、二本松城《にほんまつじょう》の畠山義継《はたけやまよしつぐ》をたよってにげのびた。

そこで政宗《まさむね》は、二本松城《にほんまつじょう》をせめた。

城主畠山義継《じょうしゅはたけやまよしつぐ》は、いくさに勝《か》ち味《み》なしとあきらめて、はやばやと降伏《こうふく》した。定綱《さだつな》は、二本松《にほんまつ》を経《へ》て、会津《あいづ》へのがれた。

二本松城《にほんまつじょう》も支配下《しはいか》となって、伊達《だて》の勢力《せいりょく》は、蘆名《あしな》、二階堂《にかいどう》の2氏《し》と接《せっ》することになった。もし、これをやぶれば、関東《かんとう》の北条氏《ほうじょうし》とならぶことになる。

政宗《まさむね》が家督《かとく》をついで1年《ねん》にもみたない。独眼竜政宗《どくがんりゅうまさむね》の名《な》は、関東《かんとう》から中央《ちゅうおう》にまでもとどろいていった。

人質《ひとじち》にされた父親《ちちおや》

二本松城《にほんまつじょう》をはじめ、岩城郡《いわきぐん》の北部《ほくぶ》までも領有《りょうゆう》して、伊達《だて》は陸奥第一《みちのくだい》の戦国大名《せんごくだいみょう》となった。

その日《ひ》、政宗《まさむね》は鷹狩《たかが》りに行《い》ってるすだったが、たいへんなことが起《お》こった。

二本松城主《にほんまつじょうしゅ》の畠山義継《はたけやまよしつぐ》が、父《ちち》の輝宗《てるむね》にあいさつにきた。輝宗《てるむね》は家督《かとく》をゆずったあとも政宗《まさむね》をささえていて、このとき宮森城《みやもりじょう》(福島県二本松市《ふくしまけんにほんまつし》)にいた。畠山《はたけやま》の降伏《こうふく》は、輝宗《てるむね》の口《くち》ぞえであった。

奥州《おうしゅう》の諸大名《しょだいみょう》はつねに合戦《かっせん》し、またつねに仲直《なかなお》りする。また、嫁《よめ》をやったり、むかえたりで、血筋《ちすじ》もたがいに交《まじ》わっていて、みな遠《とお》い親戚同士《しんせきどうし》というあいだがらであったから、たがいに顔見知《かおみし》りだ。

きげんよくごちそうになって帰《かえ》る畠山義継《はたけやまよしつぐ》を、あるじの輝宗《てるむね》は、門《もん》まで見送《みおく》った。と、そのときである。客《きゃく》の義継《よしつぐ》が、いきなり輝宗《てるむね》のえりもとをぐいとつかみ、ふところから短刀《たんとう》をぬいて、その首《くび》もとにつきつけた。

「手《て》を出《だ》すな。」

あっ！　と、伊達《だて》の家臣《かしん》たちは息《いき》をのんだ。まったく予想《よそう》もつかないことだったからだ。

「輝宗《てるむね》どのを二本松城《にほんまつじょう》におつれもうす。」

輝宗《てるむね》はどちらかというと小柄《こがら》だが、畠山義継《はたけやまよしつぐ》は、2メートル近《ちか》い大男《おおおとこ》で、腕力《わんりょく》が強《つよ》い。いや、なによりも、首《くび》もとに短刀《たんとう》をつきつけられては、輝宗《てるむね》も、家来《けらい》たちも、まったく手出《てだ》しができない。畠山《はたけやま》の家来《けらい》たち数人《すうにん》も、刀《かたな》をぬいて、輝宗《てるむね》につきつけた。義継《よしつぐ》は、そのまま輝宗《てるむね》をかかえて、城外《じょうがい》へ出《で》ていった。

このことが、鷹狩《たかが》りの政宗《まさむね》のもとに知《し》らされた。

「ひきょうな！　だましおったな畠山《はたけやま》！」

政宗《まさむね》は、鉄砲《てっぽう》をかかえ、馬《うま》にまたがって走《はし》りだした。

走《はし》りに走《はし》って、阿武隈川《あぶくまがわ》の近《ちか》くまで来《き》た。

そこで、父《ちち》を人質《ひとじち》にとった畠山方《はたけやまがた》と、輝宗《てるむね》のあとを追《お》ってきた伊達《だて》の家来《けらい》たちが向《む》かいあっていた。

川《かわ》の向《む》こうには、畠山領《はたけやまりょう》の二本松城《にほんまつじょう》の白《しら》かべが日《ひ》にかがやいている。

「父上《ちちうえ》!」

政宗《まさむね》は、血《ち》をはくような思《おも》いでさけんで、馬《うま》のはらをけろうとした。

「よるな、政宗《まさむね》! 動《うご》けば輝宗《てるむね》どのの命《いのち》はないぞ。」

畠山義継《はたけやまよしつぐ》がさけんだ。

すると、手足《てあし》をおさえられた輝宗《てるむね》が、悲痛《ひつう》な声《こえ》を放《はな》った。

「討《う》て! 家門《かもん》の恥《はじ》を天下《てんか》にさらすな。わしの命《いのち》にかまわず、畠山《はたけやま》を討《う》て!」

政宗《まさむね》の心《こころ》は、みだれにみだれた。子《こ》の立場《たちば》として、父《ちち》を見《み》すてるわけにはいかない。

だが、助《たす》けたからといって、父《ちち》はよろこぶだろうか。いかに思《おも》いがけぬこととはいえ、人質《ひとじち》となったのは油断《ゆだん》であり、一国《いっこく》の大将《たいしょう》をつとめた者《もの》としてゆるされることではない。助《たす》けたとしても、父《ちち》は自害《じがい》するであろう。

「政宗《まさむね》！　なにをしている。早《はや》く討《う》たぬか！」

輝宗《てるむね》が、またさけんだ。

政宗《まさむね》は決断《けつだん》した。

「父上《ちちうえ》、ごめん！」

政宗《まさむね》は、手《て》にした鉄砲《てっぽう》をとりなおして、畠山義継《はたけやまよしつぐ》をねらった。

「撃《う》て！」

政宗《まさむね》は、家来《けらい》にも命《めい》じて、みずから引《ひ》きがねを引《ひ》いた。

ガーン！　ガーン！

いっせいに銃声《じゅうせい》がとどろく。

「父上《ちちうえ》！」

政宗《まさむね》は鉄砲《てっぽう》をすて、太刀《たち》をぬいて走《はし》りだした。

政宗《まさむね》が太刀《たち》をふりかざす。

すると、畠山義継《はたけやまよしつぐ》は、いまはこれまでと、輝宗《てるむね》の胸《むね》を短刀《たんとう》で二度《にど》、三度《さんど》とつきさし、たおれたその体《からだ》に腰《こし》かけて自分《じぶん》もはらを切《き》った。

「おのれ!」

伊達方《だてがた》は、畠山《はたけやま》の家来《けらい》たちを、めった切《ぎ》りにした。[1]

[1] 父輝宗《ちちてるむね》の最期《さいご》については、はっきりしていない。政宗《まさむね》が急《きゅう》を聞《き》いてかけつけたときには、輝宗《てるむね》はすでに殺《ころ》され、畠山義継《はたけやまよしつぐ》は切腹《せっぷく》して死《し》んでいたため、政宗《まさむね》は怒《いか》りのあまり義《よし》継《つぐ》の遺体《いたい》を切《き》りきざんだという説《せつ》もある。

人取橋《ひととりばし》の激闘《げきとう》

政宗《まさむね》は、父《ちち》の初七日《しょなのか》をすますと、畠山義継《はたけやまよしつぐ》の子《こ》、国王丸《くにおうまる》の守《まも》る二本松城《にほんまつじょう》をせめた。畠山方《はたけやまがた》は、常陸《ひたち》（茨城県《いばらきけん》）の佐竹義重《さたけよししげ》に助《たす》けをもとめた。佐竹《さたけ》は源氏《げんじ》の末裔《まつえい》で、武《ぶ》名《めい》のある名門《めいもん》である。

その佐竹《さたけ》が兵《へい》を進《すす》めると聞《き》いて、蘆名《あしな》、二階堂《にかいどう》も連合《れんごう》して、畠山氏《はたけやまし》を助《たす》ける軍勢《ぐんぜい》をさしむけた。いまのうちに伊達《だて》を討《う》っておかなければ、たいへんなことになるというわけだ。

反伊達《はんだて》の勢力《せいりょく》はふくれあがって、3万《まん》5000にものぼった。だが、政宗《まさむね》のひきいる伊達勢《だてぜい》は7800である。

ここは、合戦《かっせん》をさけ、いったん引《ひ》きあげたほうがいい、というのがおおかたの意見《いけん》であった。

だが引《ひ》きあげれば、妻《つま》の愛姫《めごひめ》の実家《じっか》田村一族《たむらいちぞく》や、その城《しろ》は敵方《てきがた》のものになる。また、田村氏《たむらし》を見《み》すてれば、政宗《まさむね》の武名《ぶめい》も信義《しんぎ》も、いっぺんに落《お》ちてしまう。いや、いったんしりぞいたとなると、敵《てき》は、わかい政宗《まさむね》につけこむように、米沢《よねざわ》にせめこんでくるかもしれない。そうなると母義姫《ははよしひめ》は、弟《おとうと》の竺丸《じくまる》を立《た》て、最上義光《もがみよしあき》の軍勢《ぐんぜい》をかりて、政宗《まさむね》を米沢《よねざわ》から追放《ついほう》するかもしれない。

政宗《まさむね》は、よし、生《い》きるも死《し》ぬも、この一戦《いっせん》にかけようと決心《けっしん》した。

片倉小十郎《かたくらこじゅうろう》も、ほほえんでうなずき、伊達藤五郎成実《だてとうごろうしげざね》と顔《かお》を見合《みあ》わせた。政宗《まさむね》19歳《さい》、成実《しげざね》は18歳《さい》、小十郎《こじゅうろう》は29歳《さい》……。わかいだけに思《おも》い切《き》りがよかった。

すると、だまってあごひげをしごいてわかい武者《むしゃ》たちの意見《いけん》を聞《き》いていた、73歳《さい》の鬼庭良直《おにわよしなお》が、

「はっははは。」

とわらってから、

「さてさて、この良直《よしなお》、武門《ぶもん》の生涯《しょうがい》の果《は》てに、心地《ここち》よいいくさにめぐりあえたもの

じゃ。」

と言《い》って、大身《おおみ》の槍《やり》をしごいた。

11月《がつ》15日《にち》、佐竹《さたけ》、蘆名《あしな》、二階堂《にかいどう》、白川《しらかわ》と、畠山《はたけやま》を助《たす》ける連合軍《れんごうぐん》は、郡山《こおりやま》を出発《しゅっぱつ》した。

政宗《まさむね》は阿武隈川《あぶくまがわ》の西岸《せいがん》、観音堂山《かんのんどうやま》に陣《じん》をしいた。べつに伊達成実《だてしげざね》に1000の兵《へい》をあたえて、ふもとに待機《たいき》させた。

いまのこよみなら1月《がつ》、緑《みどり》は消《き》え、暗《くら》い灰色《はいいろ》がかった野山《のやま》が、不気味《ぶきみ》にしずまりかえっていた。

政宗《まさむね》は、山上《さんじょう》から敵陣《てきじん》を見《み》おろした。陣《じん》の中央《ちゅうおう》に白旗《しろはた》がならんでいる。源氏《げんじ》の流《なが》れをほこる、佐竹義重《さたけよししげ》の陣《じん》である。

5分《ぶん》の1の兵力《へいりょく》で勝《か》つためには、ひとかたまりになって敵《てき》の主力《しゅりょく》につっこむことだ、と政宗《まさむね》は思《おも》った。

荒野《こうや》の中央《ちゅうおう》にひとすじ、川《かわ》が流《なが》れ、橋《はし》がかかっていた。

「人取橋《ひととりばし》と申《もう》すそうです。」

黒脛巾組《くろはばきぐみ》の首領《しゅりょう》安部対馬《あべつしま》が言《い》った。

「かわった名《な》だな。よし、あれをせめて、伊達取り橋《だてとりばし》と名《な》をかえよう。」

と、政宗《まさむね》は不敵《ふてき》にわらって、言《い》った。

敵《てき》の佐竹《さたけ》も、「源氏《げんじ》の末裔《まつえい》のいくさぶりを見《み》せてやる。」とばかりに、人取橋《ひととりばし》をわたってせめてきた。

はげしいいくさとなった。

だが優勢《ゆうせい》の佐竹軍《さたけぐん》は、じりじりと伊達軍《だてぐん》をおしていく。

ついに敵《てき》の弾丸《だんがん》が、政宗《まさむね》のいる本陣《ほんじん》にまでとどくようになった。

「殿《との》、しばらく陣《じん》をおうつりください。」

片倉小十郎《かたくらこじゅうろう》が、血走《ちばし》った目《め》で言《い》った。

政宗《まさむね》は首《くび》をふって、旗本《はたもと》の武士《ぶし》たちをふりかえった。

「敵《てき》はじりじりと追《お》いかけて、この山《やま》にせめのぼってくるだろう。中腹《ちゅうふく》まで来《き》たら、退却《たいきゃく》してきた軍《ぐん》と入《い》れちがって、われわれが一団《いちだん》となって突入《とつにゅう》する。目指《めざ》すは佐竹勢《さたけぜい》だ。佐竹《さたけ》がくずれれば、蘆名《あしな》も二階堂《にかいどう》もひるむ。」

1本《ぽん》の矢《や》が、政宗《まさむね》のよろいをかすめた。もうそこまで、敵《てき》は来《き》ている。

「まだぞ……まだ。あせるでない。」

政宗《まさむね》はふもとを見《み》つめる。

「わーっ！」

というかん声《せい》。せまってくる佐竹勢《さたけぜい》だ。

伊達軍《だてぐん》はほとんど総《そう》くずれになった。戦意《せんい》をうしなった兵《へい》たちが、山《やま》へにげのぼってくる。そのとき、

「よし、行《い》け！」

ついに政宗《まさむね》が、采配《さいはい》をふった。

小十郎《こじゅうろう》ほか、わずか数人《すうにん》の武者《むしゃ》をのこして、政宗《まさむね》の本陣《ほんじん》をかためていた旗本衆《はたもとしゅう》が、いっせいに馬《うま》に乗《の》り、太刀《たち》をぬいた。

鬼庭良直《おにわよしなお》も、槍《やり》をとって立《た》ちあがった。

「じいはここにいよ。」

「なにをおおせられるぞ。先《さき》ほど申《もう》しあげてござろう。今日日《きょうび》は、武門《ぶもん》の生涯《しょうがい》をかざるのに心地《ここち》よいいくさと……では、ごめん。」

と、73歳《さい》とは思《おも》えない身軽《みがる》さで馬《うま》に乗《の》り、大身《おおみ》の槍《やり》をかいこんで、山《やま》をくだっていった。

「わーっ！」

と、かん声《せい》をあげて、伊達軍《だてぐん》が山《やま》をくだる。

追《お》いあげてきた佐竹勢《さたけぜい》はめんくらった。敵《てき》は総《そう》くずれ、大勝利《だいしょうり》と見《み》て、勢《いきお》いよく追《お》ってきたら、とつぜん、騎馬隊《きばたい》がかけくだってきたからだ。

普通《ふつう》、大将《たいしょう》を守《まも》る旗本衆《はたもとしゅう》はめったにたたかわない。負《ま》けいくさとなれば、大将《たいしょう》を守《まも》ってしりぞかなければならないからだ。

いまは、本陣《ほんじん》には小十郎《こじゅうろう》ほか、数人《すうにん》の武者《むしゃ》がいるのみだ。

政宗《まさむね》も、采配《さいはい》をすてて、太刀《たち》をぬき、あたりに目《め》を配《くば》った。

「わーっ!」

というかん声《せい》が、すこしずつ遠《とお》のいていった。旗本《はたもと》の騎馬隊《きばたい》が、佐竹勢《さたけぜい》をすこしずつおしかえしていくらしい。

この勢《いきお》いを見《み》て、総《そう》くずれとなって敗走《はいそう》してきた伊達《だて》の兵士《へいし》たちも、勢《いきお》いづいて、ふたたび、かん声《せい》をあげて引《ひ》きかえし、戦場《せんじょう》に向《む》かっていった。

政宗《まさむね》は、独眼《どくがん》で、血戦《けっせん》をくりかえす檜原《ひばら》の荒野《こうや》を見《み》おろしていた。

先《さき》ほど、原《はら》のまんなかにぽつんと見《み》えていた「人取橋《ひととりばし》」をさかいに、敵味方《てきみかた》がたたかっている。もう乱戦《らんせん》になっているので、鉄砲《てっぽう》の音《おと》が聞《き》こえない。

ところが、とつぜん、
ガーン!　ガーン!

銃声《じゅうせい》がとどろいた。

政宗《まさむね》は目《め》をうつして、

「おお、成実《しげざね》、いまぞ！」

と、ひざをたたいた。

本陣《ほんじん》とはなれていた伊達成実《だてしげざね》が、いまこそとばかり、佐竹勢《さたけぜい》の横《よこ》を、半円《はんえん》に囲《かこ》むようにして鉄砲《てっぽう》を撃《う》ちかけたのである。じつにいいタイミングであった。

たちまち、佐竹《さたけ》の陣《じん》がくずれる。

鉄砲隊《てっぽうたい》にかわって、騎馬隊《きばたい》が突入《とつにゅう》する。

実際《じっさい》は、本陣《ほんじん》、成実隊《しげざねたい》合《あ》わせても、佐竹勢《さたけぜい》の半分《はんぶん》である。

しかし、勢《いきお》いというものはおそろしい。佐竹勢《さたけぜい》には、伊達勢《だてぜい》が、自軍《じぐん》よりもはるかに優勢《ゆうせい》のように見《み》えた。

ついに、佐竹勢《さたけぜい》は浮《う》き足立《あしだ》って総《そう》くずれとなった。

「引《ひ》きがねを鳴《な》らせ！」

政宗《まさむね》がさけんだ。

勝《か》ちに乗《じょう》じて深追《ふかお》いすれば、数倍《すうばい》の敵《てき》にとりかこまれるおそれがある。

伊達軍《だてぐん》は、引《ひ》き上《あ》げにかかった。しんがりは、鉄砲《てっぽう》を指揮《しき》する成実隊《しげざねたい》だ。もし敵《てき》がふたたび追撃《ついげき》してくれれば、いっせいに銃撃《じゅうげき》する構《かま》えで、味方《みかた》の引《ひ》き上《あ》げを助《たす》けた。

この合戦《かっせん》で勝《か》つ必要《ひつよう》はなかった。負《ま》けなければいいのだ。なぜなら、領国《りょうごく》をはなれた佐竹勢《さたけぜい》は、いつまでもここで合戦《かっせん》をつづけているわけにはいかないからだ。

ついにおれは、この激戦《げきせん》に勝《か》ったぞ――。

政宗《まさむね》がひそかに会心《かいしん》の笑《え》みをうかべたとき、兵《へい》の肩《かた》にかつがれてきた老武者《ろうむしゃ》が、どっと政宗《まさむね》の前《まえ》にひれふした。

「おお、鬼庭《おにわ》のじい、しっかりせい。」

「ねがったとおりの心地《ここち》よいいくさでござった。このとおりの深傷《ふかで》、はらを切《き》ろうと思《おも》いましたが、一言《ひとこと》、よい死《し》に場所《ばしょ》をたまわった若《わか》に、礼《れい》を申《もう》したくてもどりましたぞ。これで、あの世《よ》の父君輝宗《ちちぎみてるむね》さまにも、よいみやげ話《ばなし》ができもうした。さらばでござる。」

「じい、しっかりせい。」

政宗《まさむね》がだきおこすと、かすかにほほえんだようだったが、そのまま、がっくり首《くび》をたれた。

磐梯山《ばんだいさん》ふもとの合戦《かっせん》(「人取橋《ひととりばし》の合戦《かっせん》」ともいう)は、政宗《まさむね》の生涯《しょうがい》をかけた、大《おお》いくさであった。

政宗《まさむね》が思《おも》ったとおり、佐竹勢《さたけぜい》は、この合戦《かっせん》が終《お》わると、そうそうに引《ひ》きあげていった。関東《かんとう》の江戸氏《えどし》が、佐竹領《さたけりょう》にせめこんできたとつたえられたからであった。

4 小次郎《こじろう》、死《し》んでもらう

秀吉《ひでよし》からの手紙《てがみ》

天正《てんしょう》17（1589）年《ねん》3月《がつ》。

「家《いえ》にありたき木《き》は、松《まつ》、桜《さくら》。松《まつ》は五葉《ごよう》もよし。花《はな》はひとえなるよし。八重桜《やえざくら》は、奈《な》良《ら》の都《みやこ》にのみありけるを、このごろぞ、世《よ》に多《おお》くなり……。」

愛姫《めごひめ》が、鈴《すず》をふるように美《うつく》しい声《こえ》で朗読《ろうどく》していた。

「はて、それは……。」

政宗《まさむね》は、右手《みぎて》で左足首《ひだりあしくび》をさすりながら首《くび》をひねった。

「『徒然草《つれづれぐさ》』の139段《だん》でございます。」

愛姫《めごひめ》がほほえんで言《い》った。

「うむ、わしは読《よ》んだ記憶《きおく》がないが。」

「さようでございましょうとも。昨年《さくねん》は100段《だん》の手前《てまえ》まででございましたもの。」

「そうなのだ。文《ぶん》がおもしろくなってきたぞ、と思《おも》うと、不思議《ふしぎ》に合戦《かっせん》じゃ。鉄砲《てっぽう》玉《だま》、ときの声《こえ》で、わあわあやられると、読《よ》みかけの物語《ものがたり》の筋《すじ》も、すっかりわすれてしまう。このぶんでは、源氏物語《げんじものがたり》などという長《なが》いものは、いつ読《よ》めることやら。」

「ご苦労《くろう》さまなことでございます。でも、連歌《れんが》のほうは、たいそうのご上達《じょうたつ》とか。師《し》のきみ虎哉《こさい》さまが、いたく感心《かんしん》なさっていらっしゃいます。」

「うん、連歌《れんが》なら、ちょっとした自信《じしん》があるのじゃ。なにしろ天正《てんしょう》5年《ねん》、11歳《さい》のみぎり……。」

と、政宗《まさむね》が言《い》いかけると、愛姫《めごひめ》がそのあとをとった。

「くれわかぬ　月になる夜《よ》の道《みち》すがら……、でございましょ。」

「ほう、知《し》っていたか。」

「何度《なんど》かうかがっておりますもの。」

「そうか……。いや、そうであったな。」

ふたりは、顔《かお》を見合《みあ》わせてわらった。

伊達家《だてけ》の当主《とうしゅ》は代々《だいだい》、文学《ぶんがく》の道《みち》にいそしんだ。9代目《だいめ》の政宗《まさむね》は、『新続古今和歌集《しんしょくこきんわかしゅう》』に2首《しゅ》よんで献上《けんじょう》し、また曾祖父《そうそふ》の稙宗《たねむね》は、よく歌《うた》をよんでは、京《きょう》の近衛家《このえけ》や、歌道《かどう》の本家《ほんけ》である冷泉家《れいぜいけ》に送《おく》って、その指導《しどう》を受《う》けるほど熱心《ねっしん》であった。

そのような家風《かふう》のなかで育《そだ》ったためか、政宗《まさむね》は子《こ》どものときから、ことさら歌《うた》づくりに興味《きょうみ》をもった。

伊達家《だてけ》では、毎年正月7日《まいとししょうがつなのか》、七種《ななくさ》（草《くさ》）の日《ひ》に連歌《れんが》の会《かい》が開《ひら》かれることになっていた。

天正《てんしょう》5（1577）年《ねん》の七種連歌《ななくされんが》は、祖父《そふ》の晴宗《はるむね》の住《す》む杉目城《すぎのめじょう》で行《おこな》われ、政宗《まさむね》のよんだ句《く》が、一座《いちざ》をおどろかせたのはほんとうのことであった。

そのほか政宗《まさむね》は、能《のう》の太鼓《たいこ》を打《う》ち、書《しょ》をたしなむなど趣味《しゅみ》が広《ひろ》かった。

先日《せんじつ》、馬《うま》から落《お》ちて左足首《ひだりあしくび》を骨折《こっせつ》した。災難《さいなん》といえば災難《さいなん》だが、本《ほん》のすきな政宗《まさむね》は、ほしいままに読書《どくしょ》に時《とき》をついやすことができた。

だが、そののどかな日々《ひび》も長《なが》くはつづかなかった。

「殿《との》、ついに来《き》ましたぞ。」

片倉小十郎《かたくらこじゅうろう》が、書面《しょめん》を持《も》ってやってきた。

「なんのことじゃ。」

「さ、さる関白《かんぱく》どのの命令書《めいれいしょ》でござる。」

明智光秀《あけちみつひで》を討《う》った秀吉《ひでよし》は、翌年《よくねん》、信長《のぶなが》の第《だい》一の家来《けらい》柴田勝家《しばたかついえ》を賤ケ岳《しずがたけ》でやぶり、信《のぶ》長《なが》のあとつぎとしての地位《ちい》を受《う》けついだ形《かたち》になった。

書状《しょじょう》には、こう記《しる》されてあった。
一、奥州《おうしゅう》の合戦《かっせん》をただちに停止《ていし》すること。
一、領地《りょうち》のさかいめはいまのままにしておいて、すべて秀吉《ひでよし》の裁定《さいてい》を待《ま》つこと。
一、政宗《まさむね》はただちに京《きょう》へのぼること。
秀吉《ひでよし》は、あらたに朝廷《ちょうてい》から「関白《かんぱく》」の地位《ちい》をもらった。ということは、日本国《にっぽんこく》の統《とう》治《ち》を、天皇《てんのう》からゆだねられたということである。姓《せい》も、羽柴《はしば》から豊臣《とよとみ》にあらためた。いまや小田原《おだわら》の北条氏《ほうじょうし》をのぞくと、国中《くにじゅう》はすべてその支配下《しはいか》にあった。

政宗《まさむね》も、黒脛巾組《くろはばきぐみ》の調《しら》べで、秀吉《ひでよし》の勢力《せいりょく》がどれほど強大《きょうだい》なものかを知《し》らされている。それで、南部馬《なんぶうま》を献上《けんじょう》したりして、友好《ゆうこう》の気持《きも》ちを通《つう》じてある。しかし、秀吉《ひでよし》ののぞむことは、友好《ゆうこう》ではなく、政宗《まさむね》が家臣《かしん》としてしたがうことであり、政宗《まさむね》に上洛《じょうらく》（京《きょう》へのぼること）せよ、ということは、家臣《かしん》としてのあいさつに来《こ》いということであった。

広《ひろ》がる領地《りょうち》

おりもおり、平城《たいらじょう》（福島県《ふくしまけん》）の岩城氏《いわきし》が、佐竹《さたけ》、蘆名《あしな》とむすんで、伊達《だて》を討《う》つ謀《はか》りごとをめぐらせていた。

「殿《との》、いかがいたしますか。」

小十郎《こじゅうろう》がたずねた。「奥州《おうしゅう》の合戦《かっせん》はただちに停止《ていし》」と、関白《かんぱく》に命《めい》じられたばかりだからである。

「しかし、身《み》にふりかかった火《ひ》の粉《こ》は、はらいおとさなければなるまい。」

政宗《まさむね》は不敵《ふてき》にわらった。関白《かんぱく》には「せめられたから、やむなくたたかったまでです。」と答《こた》えるつもりなのである。

4月《がつ》、伊達軍《だてぐん》は進撃《しんげき》を開始《かいし》した。つぎつぎに蘆名方《あしながた》の城《しろ》をせめおとして、5月《がつ》には相馬領《そうまりょう》の亘理郡《わたりぐん》（宮城県《みやぎけん》）の城《しろ》をうばって、ついに太平洋岸《たいへいようがん》に出《で》た。

「おお、これが海《うみ》か。」

政宗《まさむね》は、思《おも》わず声《こえ》をあげた。合戦《かっせん》に出《で》て、はじめて磐梯山《ばんだいさん》のふもと猪苗代湖《いなわしろこ》を見《み》たとき、ずいぶん広《ひろ》い湖《みずうみ》があるものだ、とおどろいた。しかし、あの湖《みずうみ》と、この海《うみ》のちがいはどうだ。

「この海《うみ》の向《む》こうに、唐《から》、天竺《てんじく》（インド）があるのだな。」

「さようで……。」

小十郎《こじゅうろう》があいまいに答《こた》えた。ふたりとも、まだ地球儀《ちきゅうぎ》はもちろん、世界地図《せかいちず》を見《み》たことがない。

「いや、ポルトガルや、イスパニア（スペイン）でございましょう。」

と言《い》ったのは、黒脛巾組《くろはばきぐみ》をひきいる安部対馬《あべつしま》だ。さすがに、部下《ぶか》から、都《みやこ》のうわさ話《ばなし》を聞《き》きこんでいるから、言《い》うことがちがう。すでに、いまはなき織田信長《おだのぶなが》が、安土城《あづちじょう》で家来《けらい》たちといっしょに、宣教師《せんきょうし》から地球儀《ちきゅうぎ》を見《み》せられている。めずらしい新知識《しんちしき》は、枯《か》れ野《の》の火《ひ》のように、すばやく広《ひろ》まっていくものである。

政宗《まさむね》は、海《うみ》ぞいの亘理郡《わたりぐん》をおさめる手《て》はずをすますと、ふたたび西《にし》の方磐梯山《ほうばんだいさん》のふもと、摺上原《すりあげはら》に向《む》かった。今度《こんど》こそ、蘆名《あしな》をほろぼすつもりである。蘆名領《あしなりょう》を手《て》に入《い》れたところで合戦《かっせん》をやめて、秀吉《ひでよし》に臣下《しんか》のちかいをしよう。そうすれば、奥州《おうしゅう》の南半《みなみはん》分《ぶん》は、すべて伊達家《だてけ》のものとなる。

政宗《まさむね》に決戦《けっせん》の覚悟《かくご》が強《つよ》ければ、相手《あいて》の蘆名方《あしながた》も、それだけはげしく敵意《てきい》をもやすことになる。大将《たいしょう》の蘆名義広《あしなよしひろ》は、佐竹家《さたけけ》から養子《ようし》にきている。佐竹氏《さたけし》もまた、蘆名《あしな》を助《たす》けるために出陣《しゅつじん》してきた。

天正《てんしょう》17（1589）年《ねん》6月5日《がついつか》、奥州《おうしゅう》の主力《しゅりょく》がぶつかりあった摺上原《すりあげはら》の合戦《かっせん》が始《はじ》まった。それは、人取橋《ひととりばし》の合戦《かっせん》以来《いらい》のはげしい戦《たたか》いとなった。

昼《ひる》まえ、はげしい西風《にしかぜ》のために、向《む》かい風《かぜ》の伊達軍《だてぐん》は、さんざんにせめたてられた。

一時《いちじ》は、政宗《まさむね》の本陣《ほんじん》までつきくずされるところであった。そのとき、伊達成実《だてしげざね》と白《しろ》石宗実《いしむねざね》のひきいる軍勢《ぐんぜい》が蘆名軍《あしなぐん》のまんなかに突入《とつにゅう》して、伊達方《だてがた》は勢《いきお》いをもりかえした。そのうえ、風《かぜ》の向《む》きがかわって、伊達方《だてがた》が追《お》い風《かぜ》にのって蘆名方《あしながた》をせめたてた。

蘆名《あしな》、佐竹方《さたけがた》は総《そう》くずれになって、黒川城《くろかわじょう》を目指《めざ》して落《お》ちていった。

政宗《まさむね》は、城《しろ》を囲《かこ》んだ。

大勢《たいせい》が決《き》まった以上《いじょう》、力《ちから》ぜめで、むだな血《ち》を流《なが》すことはないと思《おも》った。

城方《しろがた》の兵《へい》は、ひと晩《ばん》ごとにへっていった。脱走《だっそう》していくのである。

そして6月10日《がつとおか》、城主《じょうしゅ》の蘆名義広《あしなよしひろ》も城《しろ》をすてて、実家《じっか》である佐竹氏《さたけし》の領地《りょうち》ににげかえっていった。

こうして、奥州《おうしゅう》の名門蘆名氏《めいもんあしなし》はほろび、政宗《まさむね》は、磐梯山《ばんだいさん》のふもと会津地方《あいづちほう》の4郡《ぐん》と、下野《しもつけ》（栃木県《とちぎけん》）の一部《いちぶ》までを領地《りょうち》とすることになった。

得意絶頂《とくいぜっちょう》の政宗《まさむね》は、天正《てんしょう》18（1590）年《ねん》の正月《しょうがつ》を、黒川城《くろかわじょう》でむかえた。

伊達家《だてけ》の習《なら》わしになっている七種《ななくさ》の日《ひ》の連歌会《れんがかい》に、

七種《ななくさ》を　一葉《ひとは》によせて　つむ根芹《ねぜり》

という発句《ほっく》をよんだ。「七種《ななくさ》」とは、春《はる》の七種《ななくさ》（草《くさ》）に、白川《しらかわ》、石川《いしかわ》、岩瀬《いわせ》、安積《あさか》、安達《あだち》、信夫《しのぶ》、田村《たむら》、いわゆる仙道七郡《せんどうぐん》をかけ、「一葉《ひとは》」とは、政宗自身《まさむねじしん》が一手《いって》におさめたことをほこる意味《いみ》である。

いまや、政宗《まさむね》の支配《しはい》する領地《りょうち》は、現在《げんざい》の宮城県《みやぎけん》の南半分《みなみはんぶん》、福島県《ふくしまけん》の浜通《はまどお》りをのぞく全県《ぜんけん》、山形県《やまがたけん》の南部《なんぶ》、さらには新潟県蒲原郡《にいがたけんかんばらぐん》の一部《いちぶ》、栃木県《とちぎけん》の一部《いちぶ》にまで広《ひろ》がっていた。

伊達家《だてけ》をついでわずか6年《ねん》、24歳《さい》の政宗《まさむね》が、これほどまでの大領主《だいりょうしゅ》となっていったのは、なぜだろうか。

一言《ひとこと》でいえば、政宗《まさむね》の知勇《ちゆう》と、運《うん》の強《つよ》さである。だがくわしく見《み》ていくと、いくつかの理由《りゆう》があげられる。

第一《だいいち》に、奥州探題《おうしゅうたんだい》と称《しょう》し、先祖《せんぞ》から代々《だいだい》、きずき守《まも》ってきた名門《めいもん》の家柄《いえがら》である。

第二《だいに》に、伊達家《だてけ》の身内《みうち》に争《あらそ》いが少《すく》なかったのと、家臣《かしん》の忠誠心《ちゅうせいしん》があつく、いつもひとつにまとまっていたことである。この時代《じだい》は、親《おや》、兄弟《きょうだい》、親族《しんぞく》が二手《ふたて》に分《わ》かれてあらそい、内部《ないぶ》からくずれて、家《いえ》がほろんでいく、ということが多《おお》かった。応仁《おうにん》の乱《らん》も、足利一族《あしかがいちぞく》の争《あらそ》いに始《はじ》まっている。

政宗《まさむね》が、小手森城《おでもりじょう》をせめたとき、城兵《じょうへい》ほか、女《おんな》、子《こ》ども、老人《ろうじん》までを討《う》ちはたした残酷《ざんこく》なふるまいは、このような、中途半端《ちゅうとはんぱ》ないくさのくりかえしをさせないための決《けっ》断《だん》であった。

しかし、伊達家《だてけ》の家来《けらい》が、わかい政宗《まさむね》に謀反《むほん》を起《お》こすことなく、ひとつにまとまってきたのは、政宗《まさむね》の知勇《ちゆう》だけでなく、わかいにあわず、人情《にんじょう》をわきまえて、家来《けらい》をいつくしんだからであろう。蘆名氏《あしなし》をほろぼし、会津地方《あいづちほう》を手《て》にしたとき、この地方《ちほう》の人《ひと》たちは、上《うえ》も下《した》も伊達領《だてりょう》になったことをよろこんだ、とつたえられている。

第三《だい》に、これまで物々交換《ぶつぶつこうかん》をおもにしてきた民衆《みんしゅう》が、このころ、ようやく貨幣《かへい》を使《つか》うことの便利《べんり》さを知《し》って、それが日常的《にちじょうてき》になってきたことである。

生産物《せいさんぶつ》を買《か》いあつめ、市《いち》を開《ひら》き、売《う》ってもうける、という組織《そしき》をつくり、信長《のぶなが》にしても、秀吉《ひでよし》にしても、すぐれた戦国大名《せんごくだいみょう》は勢力《せいりょく》をのばしていった。奥州《おうしゅう》の大名《だいみょう》のなかでは、政宗《まさむね》がいち早《はや》く、このことに気《き》づき、身分《みぶん》に関係《かんけい》なく、経済《けいざい》にくわしい、鈴木《すずき》元信《もとのぶ》らの家来《けらい》を用《もち》いて商業《しょうぎょう》をさかんにして富《とみ》をきずいていったが、これが戦争下《せんそうか》の伊達家《だてけ》の財政《ざいせい》をささえることになった。

上洛《じょうらく》の決心《けっしん》

「いよいよ、来《き》たか。」

片倉小十郎《かたくらこじゅうろう》を前《まえ》にして、政宗《まさむね》は腕《うで》を組《く》んだ。

「さすがは、さる関白《かんぱく》どの、こちらが考《かんが》えているほど、あまくはありません。」

小十郎《こじゅうろう》もにがい顔《かお》で言《い》った。

「さて、なんと言《い》ったら、申《もう》し開《ひら》きができようか。」

政宗《まさむね》は、床《とこ》の間《ま》にかけた太刀《たち》を見《み》やって、つぶやいた。

太刀《たち》は、秀吉愛用《ひでよしあいよう》の国行《くにゆき》。

この太刀《たち》が、秀吉《ひでよし》から送《おく》られてきたのが、およそ1週間《しゅうかん》まえの6月《がつ》26日《にち》である。

この3月《がつ》、政宗《まさむね》は京《きょう》の秀吉《ひでよし》に、鷹《たか》と鶴《つる》を送《おく》った。かねて秀吉《ひでよし》がほしがっていると聞《き》いていたからだ。

秀吉《ひでよし》はよろこんで、手紙《てがみ》をそえ、そのお返《かえ》しとして、秘蔵《ひぞう》の国行《くにゆき》の太刀《たち》を送《おく》ってきたのである。

手紙《てがみ》の日付《ひづけ》は6月9日《がつここのか》。政宗《まさむね》が受《う》けとったのは6月《がつ》26日《にち》。天正《てんしょう》17（1589）年《ねん》、黒川城《くろかわじょう》に入城《にゅうじょう》してからまもなくのことである。

それからわずか数日後《すうじつご》、てのひらを返《かえ》すような、秀吉《ひでよし》の怒《いか》りを知《し》らせる手紙《てがみ》が来《き》た。

――秀吉《ひでよし》の家臣《かしん》となっていた蘆名氏《あしなし》をほろぼし、しかもその城《しろ》に住《す》みつくとはなにごとか、その理由《りゆう》を聞《き》きたい。

政宗《まさむね》を問《と》いただす使者《ししゃ》が、7月3日《がつみっか》に、黒川城《くろかわじょう》にやってきたのであった。

「蘆名氏《あしなし》をほろぼしたのは、蘆名氏《あしなし》が畠山氏《はたけやまし》と組《く》んで父輝宗《ちちてるむね》を討《う》ちましたので、父《ちち》の仇《かたき》を討《う》ちとったまででござる。」

と、とりあえず弁解《べんかい》したが、使者《ししゃ》は、それならばともかく一日《いちにち》も早《はや》く、上洛《じょうらく》するようにと強《つよ》く言《い》って帰《かえ》っていった。

政宗《まさむね》は、重臣《じゅうしん》の遠藤不入斎《えんどうふにゅうさい》を京《きょう》にのぼらせて、浅野長政《あさのながまさ》や前田利家《まえだとしいえ》、秀吉《ひでよし》の養子《ようし》の豊臣秀次《とよとみひでつぐ》らを訪問《ほうもん》させた。奥州《おうしゅう》の名馬《めいば》などの贈《おく》りものをして、政宗《まさむね》の立場《たちば》を述《の》べ、秀吉《ひでよし》にとりなしてもらうためであった。

だが、秀吉《ひでよし》にあやまるいっぽう、政宗《まさむね》は、北条《ほうじょう》と手《て》をにぎって、秀吉《ひでよし》とたたかうことも考《かんが》えていた。奥州《おうしゅう》の半分《はんぶん》を領《りょう》した政宗《まさむね》の夢《ゆめ》は、ときに、すえは天下統一《てんかとういつ》……、とまで広《ひろ》がっていくこともある。なにしろ23歳《さい》の若《わか》さなのである。

11月《がつ》、秀吉《ひでよし》はついに、北条氏《ほうじょうし》を討《う》つことを宣言《せんげん》した。

年《とし》が明《あ》けた天正《てんしょう》18（1590）年《ねん》、秀吉《ひでよし》は小田原征伐《おだわらせいばつ》と称《しょう》して、30万《まん》の大軍《たいぐん》をさしむけた。

「どうだ対馬《つしま》、上方《かみがた》の軍勢《ぐんぜい》は？」

政宗《まさむね》は、重臣会議《じゅうしんかいぎ》で、安部対馬《あべつしま》に聞《き》いた。

防人《さきもり》の昔《むかし》、鎌倉武士《かまくらぶし》の昔《むかし》から、武勇《ぶゆう》なら東国《とうごく》と言《い》われている。しかも北条《ほうじょう》は、初代《しょだい》早雲《そううん》、2代氏綱《だいうじつな》、3代氏康《だいうじやす》と英雄《えいゆう》がつづいて、小田原城《おだわらじょう》は、かつてせめおとされたことがない。あの越後《えちご》の虎《とら》、上杉謙信《うえすぎけんしん》でさえ、せめおとせなかったほどだ。

「城《しろ》が10日《とおか》や20日《はつか》で落《お》ちるとは思《おも》えない。たとえ、秀吉《ひでよし》が30万《まん》の軍勢《ぐんぜい》で城《しろ》を囲《かこ》んでも、長引《ながび》けば兵糧《ひょうろう》（食糧《しょくりょう》）にこまるであろうが。」

政宗《まさむね》が言《い》うと、黒脛巾組《くろはばきぐみ》の首領《しゅりょう》安部対馬《あべつしま》は、とんでもないというように首《くび》をふった。

「けたがちがいます。駿河《するが》（静岡県《しずおかけん》）の清水《しみず》には、20万石《まんごく》の米《こめ》が集《あつ》められています。」

さすがの政宗《まさむね》も息《いき》をのんだ。人間《にんげん》ひとり、1年間《ねんかん》で食《た》べる米《こめ》が1石《こく》、つまり20万《まん》の軍勢《ぐんぜい》の1年間《ねんかん》食《た》べる米《こめ》が、隣国《りんごく》にまでとどいているのだ。

「いずれ、日本国中《にっぽんこくじゅう》の兵《へい》、100万《まん》が集《あつ》まってくるだろうとうわさされています。大《たい》軍《ぐん》を通《とお》すために、山《やま》を切《き》りひらいて街道《かいどう》をつくり……、なんでも、諸大名《しょだいみょう》には、妻子《さいし》づれで小田原見物《おだわらけんぶつ》をさせようと、関白《かんぱく》が言《い》ったとか……。」

――しょせん、わしはいなか大名《だいみょう》「井《い》の中《なか》の蛙《かわず》」であったのか。

政宗《まさむね》は、とほうもなく大《おお》きな秀吉《ひでよし》の勢《いきお》いに、二《に》の句《く》がつげなかった。

政宗《まさむね》は、おもだった家来《けらい》を集《あつ》めて相談《そうだん》した。

「いまとなっては、関白《かんぱく》もおゆるしにならぬでしょう。とすれば道《みち》はひとつ、かなわぬまでも、奥州武士《おうしゅうぶし》の意地《いじ》を見《み》せてやりましょう。」

「さよう。なあに、戦《たたか》いが長引《ながび》けば、関白《かんぱく》におさえられていた毛利《もうり》、上杉《うえすぎ》、徳川《とくがわ》といった諸大名《しょだいみょう》も、立《た》ちあがるかもしれません。」

しかし、黒脛巾組《くろはばきぐみ》の調《しら》べでは、とてもそのような、伊達家《だてけ》にとって都合《つごう》のいいことは起《お》こりそうもない。

「しかし……。」

と、小十郎《こじゅうろう》は言《い》った。

「浅野長政《あさのながまさ》どの、前田利家《まえだとしいえ》どの、それに徳川家康《とくがわいえやす》どのまでが、上洛《じょうらく》するようにとすすめてきている。これはこの方《かた》がたの、殿《との》に対《たい》する好意《こうい》と思《おも》ってよいのではないか。もし、殿《との》が討《う》たれるということであれば、放《ほう》っておくはず。」

いなか育《そだ》ちで、まだ24歳《さい》の政宗《まさむね》は、中央《ちゅうおう》の事情《じじょう》がわからないままにあばれまわっている、と思《おも》えばかわいい――。ほぼ天下《てんか》を統一《とういつ》してまんまんの自信《じしん》をもっている秀吉《ひでよし》に、どこか心《こころ》のゆとりがある。それを浅野《あさの》、前田《まえだ》、徳川《とくがわ》といった実力者《じつりょくしゃ》たちが感《かん》じとったうえの、忠告《ちゅうこく》ではないだろうか。

「人間本来無一物《にんげんほんらいむいちもつ》……。」

会議《かいぎ》の席《せき》で、じっとだまっていた虎哉和尚《こさいおしょう》が、口《くち》を開《ひら》いた。

「殿《との》は、おさなくして疱瘡《ほうそう》をやまれ、死《し》すべき命《いのち》でござった。また、人取橋《ひととりばし》の合戦《かっせん》、摺上原《すりあげはら》の合戦《かっせん》と苦戦《くせん》され、敵《てき》の矢弾《やだま》にもさらされたよし。しかし、今日《こんにち》にいたられたのは、ご武運《ぶうん》めでたかったからでござる。運《うん》に見放《みはな》された人間《にんげん》の命《いのち》は、まことにもろく、はかないものでござって、こればかりは、あさはかな人間《にんげん》の知恵《ちえ》では、はかり知《し》れませぬ。

いずれにもせよ、関白《かんぱく》にそむいてたたかえば、奥州《おうしゅう》はふたたび戦乱《せんらん》にまみれ、民百姓《たみひゃくしょう》が苦《くる》しみもうす。ならばいっそ、死《し》ぬ気《き》で関白《かんぱく》のもとにお行《ゆ》きなされ。『虎穴《こけつ》に入《い》らずんば虎児《こじ》を得《え》ず。』のたとえもござる。不幸《ふこう》にしてお討《う》たれあそばしたら、この虎哉《こさい》が、まよわず、父君輝宗《ちちぎみてるむね》さまのもとにお送《おく》りいたそう。」

「よし、小田原《おだわら》へ行《い》ってみよう。」

政宗《まさむね》は決意《けつい》した。

謀《はか》りごと

政宗《まさむね》の小田原《おだわら》ゆきが決《き》まると、母《はは》の義姫《よしひめ》が、見送《みおく》りの酒宴《しゅえん》をもよおしたい、と言《い》ってきた。

「おお、母上《ははうえ》はわたしの身《み》の上《うえ》を、そのように案《あん》じてくださるのか。」

ひょっとすると、これが母子《ははこ》の今生《こんじょう》の別《わか》れになるかもしれぬ、と思《おも》い、母《はは》が招待《しょうたい》してくれたのだろうと政宗《まさむね》は思《おも》った。

だが、あるじの身《み》を気《き》づかう片倉小十郎《かたくらこじゅうろう》は、首《くび》をかしげて言《い》った。

「これは、あくまでうわさでございますが。」

「うわさ？　申《もう》してみよ、小十郎《こじゅうろう》。」

「はい……。」

とためらったあと、小十郎《こじゅうろう》が話《はな》しはじめた。

政宗《まさむね》の母《はは》の義姫《よしひめ》は、夫《おっと》の輝宗《てるむね》の死後《しご》、尼《あま》となって、保春院《ほしゅんいん》と名乗《なの》っていた。

保春院《ほしゅんいん》の竺丸《じくまる》びいきは、いまでは伊達家中《だてかちゅう》、知《し》らぬ者《もの》はない。

そして、保春院《ほしゅんいん》の実家《じっか》は、隣国《りんごく》の最上家《もがみけ》である。しかも、兄《あに》の最上義光《もがみよしあき》は、まえにも述《の》べたように、武勇《ぶゆう》すぐれた戦国大名《せんごくだいみょう》である。

妹《いもうと》の保春院《ほしゅんいん》に味方《みかた》して、政宗《まさむね》をのぞき、保春院《ほしゅんいん》のかわいがっている竺丸《じくまる》を伊達家《だてけ》のあととりとすれば、伊達家《だてけ》は自分《じぶん》の思《おも》いのままになる。

そのうえ、最上義光《もがみよしあき》は、いち早《はや》く関白秀吉《かんぱくひでよし》に、家来《けらい》、というちかいをさしだしているから、秀吉《ひでよし》に信用《しんよう》されている。

それで、最上義光《もがみよしあき》と保春院《ほしゅんいん》が相談《そうだん》して、政宗《まさむね》をとりのぞき、竺丸《じくまる》を城主《じょうしゅ》にするよう、ひそかに秀吉《ひでよし》にねがいでているかもしれない。

「わかった、それ以上《いじょう》は言《い》うな。」

政宗《まさむね》は、いっさいの事情《じじょう》をのみこんだ。

——自分《じぶん》の産《う》みの母《はは》をうたがわなければならないとは、なんと悲《かな》しい運命《うんめい》なのだろうか。——

と、むなしい思《おも》いにかられた。

政宗《まさむね》が、母《はは》の保春院《ほしゅんいん》をたずねたのは、小田原《おだわら》にたつ4月6日《がつむいか》の前夜《ぜんや》、5日《いつか》の夜《よる》のことだった。

「このたびの小田原御出陣《おだわらごしゅつじん》、伊達家《だてけ》の運命《うんめい》を一身《いっしん》に背負《せお》ってのことと聞《き》きました。あるいはこれが、母《はは》と子《こ》の最後《さいご》の宴《うたげ》ともなりましょう。」

保春院《ほしゅんいん》が、なみだぐんで言《い》った。

「母上《ははうえ》、日《ひ》ごろはいそがしく、ごきげんうかがいにもまいりませぬ不孝《ふこう》のこの政宗《まさむね》の身《み》を、そのようにご案《あん》じくださいましたか。」

政宗《まさむね》も、胸《むね》のつまる思《おも》いであった。いっとき、母《はは》をうらんだ日《ひ》もあったことが悔《く》や

まれた。

数々《かずかず》の料理《りょうり》のあと、吸《す》い物《もの》が出《だ》された。

ひと口《くち》、なにげなくすすり、かわった味《あじ》がすると思《おも》ったとき、とつじょ、小十郎《こじゅうろう》の言葉《ことば》を思《おも》いだした。

「どうなさいましたぞ。」

保春院《ほしゅんいん》が政宗《まさむね》の顔《かお》をのぞきこんだ。母《はは》の額《ひたい》のあせを見《み》たとき、政宗《まさむね》はやっぱりと思《おも》った。

——母《はは》もなやみ、苦《くる》しんでいる。しかし、このわしを殺《ころ》す決意《けつい》をして、毒《どく》を入《い》れたのだ。——

「いや、すこし飲《の》みすぎました。あすは早立《はやだ》ちゆえ、これで……。」

「おいとま……。」と言《い》おうとして、口《くち》がもつれた。

いっしょに席《せき》にならんでいた小十郎《こじゅうろう》や、伊達成実《だてしげざね》が心配《しんぱい》して立《た》ちあがった。

自分《じぶん》の部屋《へや》にもどった政宗《まさむね》は、かねて愛用《あいよう》していた撥毒丸《ばつどくがん》（解毒剤《げどくざい》の一種《いっしゅ》）を飲《の》んだ。

はげしくはいた。やっぱり毒《どく》が入《はい》っていたのだ。ひと口《くち》でやめたので、命取《いのちと》りにはならなかっただけである。

小十郎《こじゅうろう》たちが心配《しんぱい》して、何度《なんど》も顔《かお》を出《だ》したが、政宗《まさむね》は、「心配《しんぱい》するな。」とだけ言《い》って、ねこんだ。

夜中《よなか》、やっと気分《きぶん》をとりもどした政宗《まさむね》は、言《い》いのこしておくことがあるから、と弟《おとうと》の小次郎竺丸《こじろうじくまる》を部屋《へや》によんだ。

――小次郎《こじろう》、お家《いえ》のためだ、死《し》んでもらう。――

部屋《へや》に入《はい》ってきた弟《おとうと》を、政宗《まさむね》はいきなりだきよせ、腰《こし》の脇差《わきざし》ぬく手《て》も見《み》せず、その胸《むね》をさしつらぬいた。

あっ！　と苦《くる》しむ弟《おとうと》を見《み》て、政宗《まさむね》は目《め》をつぶった。大名家《だいみょうけ》に生《う》まれた身《み》がのろわしいと思《おも》った。

悲鳴《ひめい》を聞《き》いて、小十郎《こじゅうろう》がかけつけた。

「と、殿《との》、なにをなさいます！」

政宗《まさむね》は、うつろなまなざしで、脇差《わきざし》をたたみに投《な》げすてて言《い》った。

「弟《おとうと》に罪《つみ》はない。だが、母《はは》を罰《ばっ》するわけにはいかぬのじゃ。」

すると、成実《しげざね》が部屋《へや》にかけこんできた。

「と、殿《との》、保春院《ほしゅんいん》さまが、おやかたをぬけだして……。」

「わかっている。最上《もがみ》へ帰《かえ》るのだろう。追《お》うな。」

と、政宗《まさむね》は言《い》って、部屋《へや》に入《はい》った。だれにも会《あ》いたくない気持《きも》ちである。小田原《おだわら》へ行《い》って秀吉《ひでよし》に首《くび》を切《き》られたら、いっそ、さっぱりするだろうに、とさえ思《おも》った。〔1〕

5 金色《きんいろ》のはりつけ柱《ばしら》

関白秀吉《かんぱくひでよし》の呼《よ》び出《だ》し

4月《がつ》15日《にち》、政宗《まさむね》は片倉小十郎《かたくらこじゅうろう》ほか、わずかの武士《ぶし》をつれて、黒川城《くろかわじょう》を出発《しゅっぱつ》した。しかし、途中《とちゅう》、北条氏《ほうじょうし》の領内《りょうない》での通行《つうこう》がきびしく、一度引《いちどひ》きかえさなければならなくなった。

黒脛巾組《くろはばきぐみ》の知《し》らせでは、秀吉《ひでよし》の小田原《おだわら》ぜめが始《はじ》まったという。

「もう、おそうござる。いっそ、伊達家《だてけ》の運命《うんめい》をかけて、秀吉《ひでよし》とたたかいましょう。」


［1］母《はは》の保春院《ほしゅんいん》が最上《もがみ》へ帰《かえ》った時期《じき》は、現在《げんざい》ではだいぶあとになってからであるとする説《せつ》が有力《ゆうりょく》である。

数々《かずかず》の戦《たたか》いに負《ま》けを知《し》らない、伊達成実《だてしげざね》はしきりに言《い》った。

「いや、たたかっても百にひとつの勝《か》ちもない。お家《いえ》の末《すえ》をねがうなら、一日《いちにち》も早《はや》く、小田原《おだわら》へはせさんずることじゃ。もし、関白《かんぱく》が、殿《との》に死《し》をたまわるようなら、わたしも切《き》り死《じ》にする。そのときは成実《しげざね》どの、おぬしが黒川城《くろかわじょう》の指揮《しき》をとって、関白《かんぱく》とたたかってほしい。」

片倉小十郎《かたくらこじゅうろう》は静《しず》かに言《い》った。

5月9日《がつここのか》、あらためて政宗《まさむね》は、わずか100騎《き》ばかりの小勢《こぜい》で出発《しゅっぱつ》した。敵国《てきこく》をさけ、越後《えちご》（新潟県《にいがたけん》）から信濃《しなの》（長野県《ながのけん》）と遠《とお》まわりして、小田原《おだわら》についたのは、6月5《がついつ》日《か》のことであった。

だが秀吉《ひでよし》は、政宗《まさむね》に会《あ》おうとはしなかった。そればかりか、底倉《そこくら》（神奈川県箱根町《かながわけんはこねまち》底倉《そこくら》）という谷間《たにま》の村《むら》にとじこめてしまった。

「囲《かこ》まれたら、にげようのない場所《ばしょ》でござるな。」

小十郎《こじゅうろう》は、せまい空《そら》を見上《みあ》げて言《い》った。

2日後《ふつかご》、かねて手紙《てがみ》のやりとりをしていた前田利家《まえだとしいえ》、浅野長政《あさのながまさ》ら5人《にん》がやってきた。

「たびたびのさいそくにもかかわらず、なにゆえ、このようにおくれて小田原《おだわら》へ到着《とうちゃく》したのでござる。」

「奥州《おうしゅう》はいまだ戦乱《せんらん》がつづいております。わたくしが城《しろ》をるすにすれば、いつせめよせられるかわかりません。この状態《じょうたい》を、なんとかとりしずめようと、つい、思《おも》わぬ月《つき》日《ひ》をすごしました。」

24歳《さい》の政宗《まさむね》は、悪《わる》びれずに答《こた》えた。

浅野長政《あさのながまさ》と、前田利家《まえだとしいえ》は、顔《かお》を見合《みあ》わせた。かすかにほほえんだように思《おも》われた。

「では、関白《かんぱく》さまのご家来《けらい》となった蘆名家《あしなけ》を討《う》ちほろぼした理由《りゆう》は。」

「二本松城主畠山義継《にほんまつじょうしゅはたけやまよしつぐ》は、わが父輝宗《ちちてるむね》をだまし討《う》ちにしましたゆえ、無念《むねん》を晴《は》らすため、二本松城《にほんまつじょう》をせめましたが、そのさい、蘆名《あしな》は畠山《はたけやま》を助《たす》けました。その合戦《かっせん》のいきがかりのうえで、これをせめることになりました。」

関白《かんぱく》から、「奥州《おうしゅう》の合戦《かっせん》停止《ていし》」の命令《めいれい》がおりてからも、政宗《まさむね》は、北《きた》は大崎《おおさき》、南《みなみ》は相馬《そうま》、岩城《いわき》らの諸侯《しょこう》と、はげしいいくさをつづけてきた。浅野長政《あさのながまさ》は、そのひとつひとつについて、きびしく理由《りゆう》を追及《ついきゅう》したが、政宗《まさむね》は、いちいち、もっともらしい理由《りゆう》を述《の》べた。

「最後《さいご》にひとつたずねる。多《おお》くの兵士《へいし》たちを領国《りょうごく》にのこし、わずか100余《よ》の兵《へい》でまいられたわけは。」

「関白殿下《かんぱくでんか》が、奥州《おうしゅう》へおくだりのとき、先《さき》ばらいの兵《へい》としてお使《つか》いいただけますよう、配置《はいち》しておきました。また、それがしに切腹《せっぷく》をおおせつけられたとき、小人数《こにんずう》のほうが、あとのご処置《しょち》に便利《べんり》かとぞんじまして……。」

浅野長政《あさのながまさ》らは、うむっ、とうなってしまった。

政宗《まさむね》の答弁《とうべん》は、こじつけである。しかし、それなりに筋道《すじみち》が通《とお》っている。24歳《さい》の若《わか》者《もの》にこれだけの答弁《とうべん》ができるとは。

「わかった。いずれ関白《かんぱく》さまから、沙汰《さた》(指図《さしず》)があろう。それまでつつしんでおられよ。」

浅野長政《あさのながまさ》の目《め》は、どうやら、奥州《おうしゅう》の独眼竜《どくがんりゅう》の若《わか》さ、いさぎよさに好感《こうかん》をもったようであった。

「おそれながら、関白殿下《かんぱくでんか》には、毎日《まいにち》、いくさのお指図《さしず》でございますか。」

政宗《まさむね》がたずねた。

「合戦《かっせん》のことは、ご家来衆《けらいしゅう》にすっかりまかせて、能《のう》や茶《ちゃ》の湯《ゆ》を楽《たの》しんでおられる。」

政宗《まさむね》はおどろいた。小田原《おだわら》ぜめの大《おお》いくさ、と聞《き》いていたのに、これではまるで、物見遊山《ものみゆさん》（観光旅行《かんこうりょこう》）ではないか。

「おそれながらこの政宗《まさむね》、いなか育《そだ》ちのため、茶《ちゃ》の湯《ゆ》のよい師《し》にめぐまれませぬ。たとえば千利休《せんのりきゅう》どののような……。」

「利休《りきゅう》どのなら、やはり小田原《おだわら》においでじゃ。」

政宗《まさむね》はひざをたたいた。

「おう、それはまたとないおりでございます。ぜひぜひ、この政宗《まさむね》、利休《りきゅう》どののお教《おし》えをいただきたくぞんじますので、よしなにおとりつぎくださいませ。」

「たしかに、おつたえしよう。」

今度《こんど》は、前田利家《まえだとしいえ》が大《おお》きくうなずいた。53歳《さい》の利家《としいえ》の、政宗《まさむね》を見《み》るまなざしには、わが子《こ》をふりかえるようなやさしさがあった。

浅野長政《あさのながまさ》らの好意《こうい》のあるとりなしがあったからだろうか、また、あぶない命《いのち》のせとぎわに、利休《りきゅう》について茶《ちゃ》の湯《ゆ》を学《まな》びたいというおおらかな申《もう》し出《で》が、秀吉《ひでよし》に気《き》に入《い》られたのであろうか。

2日後《ふつかご》の6月9日《がつここのか》、政宗《まさむね》は、秀吉《ひでよし》によばれた。

白装束《しろしょうぞく》となる

政宗《まさむね》は、ばっさりと髪《かみ》を切《き》って、水引《みずひき》でむすび、白装束《しろしょうぞく》となった。死《し》に装束《しょうぞく》のつもりであった。

秀吉《ひでよし》は多《おお》くの武将《ぶしょう》をしたがえて、小田原城《おだわらじょう》を見《み》おろせる山《やま》の中腹《ちゅうふく》の陣屋《じんや》にいた。

まわりにはりめぐらされた幕《まく》の中《なか》に入《はい》ると、よろいに身《み》をかためた武将《ぶしょう》たちの中央《ちゅうおう》に、よろいもつけず、きらびやかな衣装《いしょう》に身《み》をつつんだ小《ちい》さな男《おとこ》がすわっていた。

これが秀吉《ひでよし》か、と政宗《まさむね》が地上《ちじょう》に両手《りょうて》をついて、頭《あたま》をさげた。

「こなたへ、こなたへ。」

と、大声《おおごえ》とともに、トン、トン、と、土《つち》をたたく音《おと》がした。

秀吉《ひでよし》が地面《じめん》をたたいたのは、ここまでやってこい、ということらしい。

いざりよって、また頭《こうべ》をたれると、もっと近《ちか》くへ、というように、今度《こんど》はむちでたたいた。

政宗《まさむね》は、では、というように頭《あたま》をさげ、ふところに手《て》をやって短刀《たんとう》をとりだし、それを後方《こうほう》へ投《な》げすてた。

おそろしいやつよ、というような諸将《しょしょう》のため息《いき》が聞《き》こえた。

しかし、秀吉《ひでよし》はわらっていた。

「とうとう来《き》たか、政宗《まさむね》。」

「はっ。」

政宗《まさむね》は一礼《いちれい》して、顔《かお》をあげた。

秀吉《ひでよし》のするどい眼光《がんこう》がゆるんで、口《くち》もとがほころんだ。

「さてさて、そのほうはかわいいやつだ。わかい者《もの》にしては、時《とき》を心得《こころえ》ている。だがな、いますこしおそかったなら。」

と、秀吉《ひでよし》は言葉《ことば》を切《き》って、手《て》にした杖《つえ》で、政宗《まさむね》の首《くび》をついて、

「ここがあぶなかったぞ。はっはっはっ。」

とわらった。

ずっとのち、政宗《まさむね》は、このときのことを思《おも》いだして、「あのときは首《くび》に熱湯《ねっとう》をかけられたような気《き》がした。」と語《かた》っている。

秀吉《ひでよし》の目《め》にも、政宗《まさむね》は好青年《こうせいねん》に見《み》えたらしい。次《つぎ》の日《ひ》にも、陣屋《じんや》によんで、茶《ちゃ》の湯《ゆ》の接待《せったい》をした。片倉小十郎景綱《かたくらこじゅうろうかげつな》もいっしょによばれた。

「そのほうの名《な》も聞《き》いていたぞ。」

秀吉《ひでよし》は、上《じょう》きげんであった。

「どうじゃ、小十郎景綱《こじゅうろうかげつな》、そちに田村《たむら》5万石《まんごく》をあたえようと思《おも》うが。」

「ありがたき幸《しあわ》せにございます。しかし、この小十郎《こじゅうろう》、おさないときより主君《しゅくん》の旗本《はたもと》としてお仕《つか》えしてまいりました。このことばかりは、ご辞退《じたい》させていただきとうございます。」

「ほう、欲《よく》のないやつじゃ。しかし政宗《まさむね》、そちはよい家来《けらい》を持《も》ったぞ。」

政宗《まさむね》は帰国《きこく》をゆるされ、その月《つき》の14日《か》、小田原《おだわら》をたった。

「いかがいたします。関白《かんぱく》のご処置《しょち》にしたがわれますか。」

政宗《まさむね》は、くちびるをかんだ。

秀吉《ひでよし》の処置《しょち》というのは、政宗《まさむね》がせめとった会津領《あいづりょう》と黒川城《くろかわじょう》を返《かえ》して、ふたたび米沢城《よねざわじょう》にもどれ、ということであった。

政宗《まさむね》が血《ち》を流《なが》して勝《か》ちとった会津《あいづ》四郡《ぐん》は、返上《へんじょう》することになった。

そのうえ、関白《かんぱく》の家来《けらい》となった印《しるし》に、妻《つま》の愛姫《めごひめ》を人質《ひとじち》として、京《きょう》（京都《きょうと》）へ送《おく》らなければならなくなった。

政宗《まさむね》が歯《は》ぎしりしてくやしがると、小十郎《こじゅうろう》が言《い》った。

「それとも、一戦交《せんまじ》えますか。」

「いや、口《くち》おしいが、いまのわしでは、関白《かんぱく》に太刀《たち》打《う》ちできぬ。」

あの猿《さる》のような顔《かお》の小《ち》さな体《からだ》の関白《かんぱく》、とびかかれば、ひと太刀《たち》で首《くび》をたたき切《き》れそうである。だがあのとき、杖《つえ》で首《くび》をつかれたとき、体《からだ》が金《かな》しばりにあったようにすくんだ。残念《ざんねん》だが、格《かく》がちがう。ああ、もし10年早《ねんはや》く生《う》まれていたならば……。

しかし、と政宗《まさむね》は思《おも》いかえした。関白《かんぱく》は、自分《じぶん》よりも30年先《ねんさき》に生《う》まれた人間《にんげん》である。世《よ》の中《なか》の情勢《じょうせい》が、いつまでもいまのままとは思《おも》えない。よし、いまに見《み》ておれ、という気持《きも》ちになって、自分《じぶん》をなぐさめるのであった。

だが、秀吉《ひでよし》の家来《けらい》のなかには、政宗《まさむね》を奥州《おうしゅう》へ帰《かえ》したことで、

「虎《とら》を、野《の》に放《はな》つようなものだ。」

と、あやぶむ者《もの》もいたという。

政宗《まさむね》の帰国《きこく》したのち、小田原城《おだわらじょう》をせめおとした関白秀吉《かんぱくひでよし》は、秋風《あきかぜ》のすずしい8月9日《がつここのか》（いまの9月中《がつなか》ごろ）、奥州《おうしゅう》に兵《へい》を進《すす》め、会津《あいづ》の黒川《くろかわ》に入《はい》った。

米沢《よねざわ》の伊達《だて》ととなりあう、この会津領主《あいづりょうしゅ》には、勇将《ゆうしょう》の蒲生氏郷《がもううじさと》がさしむけられた。

これは明《あき》らかに、政宗《まさむね》ににらみをきかせるためであった。

さらに、小田原参陣《おだわらさんじん》しなかったため、関白秀吉《かんぱくひでよし》に没収《ぼっしゅう》された大崎氏《おおさきし》、葛西氏《かさいし》の領地《りょうち》は、秀吉《ひでよし》の家来木村吉清《けらいきむらよしきよ》、清久父子《きよひさふし》にあたえられた。

だが、これは秀吉《ひでよし》の失敗《しっぱい》であった。

力《ちから》のない木村父子《きむらふし》では、かつて大崎氏《おおさきし》や葛西氏《かさいし》の家来《けらい》であった農民《のうみん》たちをおさめきれなかった。

成《な》り上《あ》がり者《もの》の木村父子《きむらふし》は、実力《じつりょく》もないのに、関白《かんぱく》の威光《いこう》をかさに着《き》て、領民《りょうみん》にいばりちらし、高《たか》い年貢《ねんぐ》（税《ぜい》）をとりたてた。

領民《りょうみん》たちは、ついにおこって一揆《いっき》を起《お》こした。一揆《いっき》には、ほろびた大崎氏《おおさきし》、葛西氏《かさいし》の家臣団《かしんだん》がくわわり、たちまち新領主《しんりょうしゅ》の木村父子《きむらふし》は、佐沼城《さぬまじょう》（宮城県登米市《みやぎけんとめし》）にとじこめられてしまった。

政宗《まさむね》は、浅野長政《あさのながまさ》に召集《しょうしゅう》され、下草城《しもくさじょう》（宮城県大和町《みやぎけんたいわちょう》）に着陣《ちゃくじん》した。蒲生氏郷《がもううじさと》と力《ちから》を合《あ》わせて、一揆《いっき》を平《たい》らげなければならないのだった。

「奥州《おうしゅう》の事情《じじょう》も知《し》らない木村父子《きむらふし》が、関白《かんぱく》の威光《いこう》をかさに着《き》て、乱暴《らんぼう》な政治《せいじ》をしたからな。むしろ、わしは一揆《いっき》に加勢《かせい》したいくらいだ。」

「しかし、殿《との》、のんきなことを言《い》っているときではありません。殿《との》に疑《うたが》いがかかってきましょう。」

小十郎《こじゅうろう》が心配《しんぱい》そうに言《い》ったときだ。黒脛巾組首領《くろはばきぐみしゅりょう》安部対馬《あべつしま》が、廊下《ろうか》を小走《こばし》りにやってきた。

「殿《との》、蒲生氏郷《がもううじさと》どのの早馬《はやうま》が京《きょう》に向《む》かいました。」

「一揆《いっき》のようすの報告《ほうこく》だろう。」

「いや、殿《との》が、大崎《おおさき》、葛西《かさい》の武士《ぶし》を助《たす》け、一揆《いっき》のあとおしをしているといううわさを、関白《かんぱく》どのに知《し》らせるためにでございます。」

「なんという。」

政宗《まさむね》はうめいた。じつは、身《み》におぼえのないことではなかったからだ。

政宗《まさむね》は、領主《りょうしゅ》の木村父子《きむらふし》のやり方《かた》に批判《ひはん》をいだいていたが、そんな政宗《まさむね》の気持《きも》ちを、一揆方《いっきがた》の指導者《しどうしゃ》はたくみに利用《りよう》して、

「いくさが長引《ながび》けば、独眼竜《どくがんりゅう》の殿《との》が、きっと後《うし》ろだてになってくださる。」

と、領民《りょうみん》たちをはげまし、たたかわせていることを知《し》っていたからだ。それは、小田原《おだわら》で秀吉《ひでよし》にひたすら頭《あたま》をさげながら、いざ米沢《よねざわ》に帰《かえ》ってみると、それがふがいなく、いまに見《み》ておれ、と思《おも》った政宗《まさむね》の気持《きも》ちを、一揆勢《いっきぜい》に利用《りよう》されたのである。

しかし、この政宗《まさむね》の本心《ほんしん》が関白《かんぱく》に知《し》れれば、今度《こんど》こそ、命《いのち》があぶない。

氏郷《うじさと》は、病気《びょうき》になったと言《い》って、出陣《しゅつじん》しなかった。[1]

政宗《まさむね》は、やむなく木村父子《きむらふし》を救出《きゅうしゅつ》するため、佐沼城《さぬまじょう》へ向《む》かった。

そのころ、京《きょう》では、奥州《おうしゅう》の独眼竜《どくがんりゅう》が謀反《むほん》を起《お》こした、といううわさで、持《も》ち切《き》り

だった。

「京《きょう》にいる、伊達《だて》の奥方《おくがた》の愛姫《めごひめ》は、にせ者《もの》であるらしいな。」

「やはり、あの独眼竜《どくがんりゅう》を奥州《おうしゅう》に帰《かえ》したのは、関白《かんぱく》さまの眼鏡《めがね》ちがい（見《み》あやまり）であったな。」

「やれやれ、やっと日本国中《にっぽんこくじゅう》のいくさがおさまったというのに、またいくさか。」

うわさを聞《き》いた秀吉《ひでよし》は、火《ひ》のようにおこった。

「若僧《わかぞう》め、この秀吉《ひでよし》をなめおって。」

秀吉《ひでよし》は、政宗《まさむね》に、ただちに京《きょう》へ来《く》るようにという、きつい命令《めいれい》を出《だ》した。


［1］現在《げんざい》では、政宗《まさむね》が蒲生《がもう》氏郷《うじさと》を討《う》とうとしていると、政宗《まさむね》の一《いち》家臣《かしん》が氏郷《うじさと》に密告《みっこく》したと言《い》われている。

晴《は》れた疑《うたが》い

天正《てんしょう》19（1591）年《ねん》2月上旬《がつじょうじゅん》、京《きょう》の町《まち》は、物見高《ものみだか》い人《ひと》びとで、にぎわっていた。

「関白《かんぱく》さまに謀反《むほん》をくわだてたという奥州《おうしゅう》の政宗《まさむね》とは、いったい、どんな大将《たいしょう》やろな。」

「関白《かんぱく》さまのご威光《いこう》をおそれぬとは、とんでもないいなか者《もの》やな。」

「なんでも、ひとつ目《め》の鬼《おに》のようや、言《い》いますがのう。」

だが、京《きょう》の町《まち》びとは、やがて馬《うま》のひづめの音《おと》もたかだかととどろかせて町中《まちなか》にやってきた政宗《まさむね》の行列《ぎょうれつ》を見《み》て、いっせいに目《め》をみはった。

行列《ぎょうれつ》の先頭《せんとう》に、とてつもなく大《おお》きい、十字《じゅうじ》の柱《はしら》をおしたてている。柱《はしら》には、金箔《きんぱく》をはりつけて、日《ひ》の光《ひかり》にまばゆいほどにかがやいている。

「あ、あれは……。はりつけ柱《ばしら》ではないか。」

町《まち》びとのひとりがさけんだ。なるほど、大《おお》きさといい形《かたち》といい、罪人《ざいにん》の処刑《しょけい》されるときのはりつけ柱《ばしら》だ。それが証拠《しょうこ》に、行列《ぎょうれつ》の中央《ちゅうおう》に、白馬《はくば》にまたがっている伊達政宗《だてまさむね》は、死《し》に装束《しょうぞく》の白帷子《しろかたびら》を着《き》て、たばねた髪《かみ》を背《せ》にたらしている。

——どうせ関白《かんぱく》さまに死《し》をたまわるなら、そのはりつけ柱《ばしら》は、おれの死《し》にふさわしい、りっぱなものにしよう。——

堂々《どうどう》と胸《むね》をはって、白馬《はくば》の手綱《たづな》をさばく政宗《まさむね》の独眼《どくがん》の不敵《ふてき》な顔《かお》が、そう、ものがたっていた。

この政宗《まさむね》の奇妙《きみょう》な行列《ぎょうれつ》は、たちまちのうちに、京中《きょうじゅう》の評判《ひょうばん》になった。もちろん秀吉《ひでよし》の耳《みみ》にも、その日《ひ》のうちに入《はい》った。

「ほほう、政宗《まさむね》のやつ、やりおるな。」

秀吉《ひでよし》はわらった。とにかく政宗《まさむね》が、命令《めいれい》を受《う》けて、ただちに上洛《じょうらく》してきたことで、きげんがよかった。それに秀吉自身《ひでよしじしん》が、もともと茶目《ちゃめ》っけが強《つよ》い。

「本気《ほんき》で死《し》ぬ気《き》なら、死《し》なせてやりましょう。」

関白《かんぱく》お気《き》に入《い》りの石田三成《いしだみつなり》が、にがりきって言《い》った。

「とにかく、取《と》り調《しら》べは、きちっとしておけ。わしにも考《かんが》えはある。だが殺《ころ》すほどのこともあるまい。」

秀吉《ひでよし》は、三成《みつなり》をなだめるように言《い》った。

取《と》り調《しら》べは、会津《あいづ》の黒川城《くろかわじょう》から、蒲生氏郷《がもううじさと》が来《く》るのを待《ま》って行《おこな》われた。

場所《ばしょ》は、秀吉自慢《ひでよしじまん》の新築《しんちく》したばかりの聚楽第《じゅらくだい》で、「政宗謀反《まさむねむほん》」をうったえた、蒲生《がもう》氏郷《うじさと》との対決《たいけつ》という形《かたち》で行《おこな》われた。

正面《しょうめん》に秀吉《ひでよし》がすわり、両側《りょうがわ》に、徳川家康《とくがわいえやす》、石田三成《いしだみつなり》、浅野長政《あさのながまさ》……諸侯《しょこう》がいならんでいた。

「伊達《だて》どのは、佐沼城《さぬまじょう》を囲《かこ》んだ一揆勢《いっきぜい》をせめるにあたって、空鉄砲《からでっぽう》を撃《う》たれたとの陣中報告《じんちゅうほうこく》がござったが。」

「たしかでございます。目的《もくてき》は一揆《いっき》をしずめることにあって、殺《ころ》すことが目的《もくてき》ではござらん。関白殿下《かんぱくでんか》の仁慈《じんじ》とご威光《いこう》を知《し》らせるためにも、そのほうがよいと思《おも》いました。100年《ねん》におよぶ戦乱《せんらん》の世《よ》、できれば、もはやむだな血《ち》は流《なが》しとうはござらん、というのが、いつわりなき政宗《まさむね》の気持《きも》ちでもござる。」

「では。」

と言《い》って、蒲生氏郷《がもううじさと》は、1通《つう》の文書《ぶんしょ》をとりだした。

「はて、なんでござろう。」

政宗《まさむね》はとぼけて聞《き》いた。

「これは、伊達《だて》どのが、一揆勢《いっきぜい》にあてた激励《げきれい》の文書《ぶんしょ》でござる。」

蒲生氏郷《がもううじさと》が、勝《か》ちほこったように言《い》った。これこそ、動《うご》かぬ証拠《しょうこ》、といわんばかりである。

いならぶ大名《だいみょう》たちも、やっぱりという顔《かお》で、ひとひざ乗《の》りだした。だが、政宗《まさむね》は、

「ほほう、よう似《に》せましたな。」

とわらって手《て》にとりあげた。

政宗《まさむね》は、日《ひ》ごろから書《しょ》を習《なら》い、みごとな筆蹟《ひっせき》だけに、まねがしにくいはずだ。その

うえ、鳥《とり》のせきれいをかたどった花押《かおう》［1］まで、そっくりであった。

政宗《まさむね》は、秀吉《ひでよし》に軽《かる》くえしゃくして言《い》った。

「まえに、わたくしの祐筆《ゆうひつ》（書記役《しょきやく》）が不始末《ふしまつ》をしでかしましたので、追放《ついほう》いたしたことがございます。これはたぶん、その者《もの》のしわざでございましょう。

まったく、よく似《に》せてはおりますが、わたくしの花押《かおう》のせきれいには目《め》がございます。しかし、これには目《め》がありません。」

――ずうずうしい、言《い》いのがれよ。――

と、大名《だいみょう》たちの顔《かお》に、あざけりの色《いろ》がうかんだ。

「念《ねん》のため、わたくしが関白殿下《かんぱくでんか》にさしあげた書状《しょじょう》をおあらためくだされば、おわかりいただけるかとぞんじます。」


［1］文書《ぶんしょ》の最後《さいご》などに記《しる》すサインの一種《いっしゅ》。自分《じぶん》の名前《なまえ》の下《した》に記《しる》したり、名前《なまえ》の文字《もじ》を図《ず》案化《あんか》したり、いろいろな種類《しゅるい》がある。

うなずいた秀吉《ひでよし》は、小姓《こしょう》に命《めい》じて、手文庫《てぶんこ》（書類《しょるい》などを入《い》れる小箱《こばこ》）の中《なか》の、政宗《まさむね》の手紙《てがみ》を持《も》ってこさせた。

なるほど、政宗《まさむね》の手紙《てがみ》の筆蹟《ひっせき》とまったく同《おな》じである。

「花押《かおう》のせきれいを、ごらんくださいませ。」

秀吉《ひでよし》がのぞきこんだ。だが、どこがちがうのだ、といぶかしげな顔《かお》で、政宗《まさむね》を見《み》た。

「目《め》をごらんくださいませ。」

「……？」

「わたくしの花押《かおう》のせきれいには、目《め》がございます。しかし、にせものには、目《め》がございません。」

「…………」

「わたくしは、よく手紙《てがみ》をしたためますので、それを悪用《あくよう》されることのないよう、よくよく見《み》ないと気《き》づかない程度《ていど》に、針《はり》の先《さき》でついた小《ちい》さな穴《あな》を空《あ》けることにしておりました。もしおうたがいなら、前田《まえだ》どの、浅野《あさの》どのにもさしあげました、わたくしの書状《しょじょう》をおたしかめくださいませ。」

前田《まえだ》も浅野《あさの》も、家来《けらい》に命《めい》じて、政宗《まさむね》からの書状《しょじょう》を持《も》ってこさせた。なるほど、政宗《まさむね》の言《い》うとおり、たしかに小《ちい》さな針《はり》の穴《あな》があった。

「よし、わかったぞ政宗《まさむね》。ではただちに帰国《きこく》して、一揆《いっき》の後始末《あとしまつ》をせよ。こちらからは、秀次《ひでつぐ》にそえて、徳川《とくがわ》どのに奥州《おうしゅう》へ行《い》っていただくつもりじゃ。」

「はっ、ありがたき幸《しあわ》せにございます。」

秀次《ひでつぐ》とは、秀吉《ひでよし》のおいである。秀吉《ひでよし》には、まだ、あととりとなる子《こ》どもがいなかったので、この秀次《ひでつぐ》を自分《じぶん》の養子《ようし》にしていた。

せきれいの目《め》に針《はり》で穴《あな》を空《あ》けてあったのはほんとうだが、だからといって、蒲生氏《がもううじ》郷《さと》が手《て》に入《い》れた政宗《まさむね》の一揆勢《いっきぜい》への手紙《てがみ》が、にせものだ、とは言《い》いきれない。

「関白《かんぱく》さまは、政宗《まさむね》にだまされた。」

と言《い》う者《もの》もいた。

だが、徳川家康《とくがわいえやす》はわらって言《い》った。

「いや、関白《かんぱく》さまはだまされたふりをしているのじゃ。あの、大《おお》げさなはりつけ柱《ばしら》を背負《せお》ってきた男《おとこ》のとぼけたやり方《かた》を、おもしろいと思《おも》っておられるのじゃ。関白《かんぱく》さまは、あの政宗《まさむね》のような男《おとこ》がおすきなのであろう。しかし、すきではあっても、命《いのち》は助《たす》けても、関白《かんぱく》さまは、政宗《まさむね》を油断《ゆだん》のならぬ男《おとこ》と思《おも》ってはいるはずじゃ。」

それは、そのまま、家康《いえやす》の心《こころ》でもあった。

家康《いえやす》の言葉《ことば》に、まちがいはなかった。

政宗《まさむね》に好感《こうかん》をもついっぽう、油断《ゆだん》ならぬと見《み》た関白《かんぱく》は、政宗《まさむね》に、一揆《いっき》の起《お》きた葛西《かさい》八郡《ぐん》、大崎《おおさき》の五郡《ぐん》をあたえ、しかし、先祖伝来《せんぞでんらい》の領地《りょうち》と米沢城《よねざわじょう》をとりあげた。伊達《だて》の所領《しょりょう》の、70万石《まんごく》が、いっきに58万石《まんごく》にへった。

奥州《おうしゅう》でさわぎが起《お》これば、そのさわぎに乗《じょう》じて勢力《せいりょく》をのばそう、という政宗《まさむね》の野心《やしん》が、さらに打《う》ちくだかれることになったのだ。

またしても関白《かんぱく》にやられた、と政宗《まさむね》はくやしがった。

6 関《せき》ケ《が》原《はら》の合戦《かっせん》

はなやかな政宗軍《まさむねぐん》

京《きょう》の町《まち》は、またまた、伊達《だて》のうわさで持《も》ち切《き》りであった。

「この京《きょう》に日本国中《にっぽんこくじゅう》の御大将《おんたいしょう》が集《あつ》まり、出陣《しゅつじん》なさるが、いやはや伊達《だて》さまの軍勢《ぐんぜい》の、なんとはなやかなこと。」

「奥州《おうしゅう》のいなか大将《たいしょう》などとはとんでもない。奥州《おうしゅう》に金《かね》のなる木《き》が山《やま》いっぱいというのは、まことのことかや。」

天正《てんしょう》20（1592）年《ねん》、春《はる》たけなわのことであった。

秀吉《ひでよし》は、天下《てんか》の諸大名《しょだいみょう》に出陣命令《しゅつじんめいれい》をくだした。朝鮮出兵《ちょうせんしゅっぺい》である。

ことは、秀吉《ひでよし》が明《みん》（中国《ちゅうごく》）を征服《せいふく》しようという、とんでもない野望《やぼう》をいだいたことから始《はじ》まった。

秀吉《ひでよし》は、朝鮮《ちょうせん》を通《つう》じて、明国《みんこく》をせめようとしたが、間《あいだ》に立《た》った朝鮮《ちょうせん》が、秀吉《ひでよし》の思《おも》いどおりにことを運《はこ》ばなかったことをおこって、せめようと決《き》めたのである。

朝鮮出兵《ちょうせんしゅっぺい》と聞《き》いて、大名《だいみょう》たちはびっくりした。徳川家康《とくがわいえやす》などは、

「関白《かんぱく》さまは、気《き》がおかしくなったのではないか。」

と、首《くび》をひねったほどだ。

なにごとも、大《おお》きなことのすきな秀吉《ひでよし》は、大《おお》げさにいえば、世界制覇《せかいせいは》の野望《やぼう》をいだいたというわけである。

100年《ねん》つづいた戦国《せんごく》の世《よ》が、やっとしずまった直後《ちょくご》のことだから、大名《だいみょう》たちはうんざりした。しかし、この時代《じだい》は、専制君主《せんせいくんしゅ》の命令《めいれい》にそむくわけにはいかない。秀吉《ひでよし》の出兵命令《しゅっぺいめいれい》によって、諸大名《しょだいみょう》はぞくぞくと京《きょう》に集《あつ》まり、そこから九州《きゅうしゅう》に向《む》かっていった。

3月《がつ》17日《にち》、第《だい》1次《じ》の遠征軍《えんせいぐん》が出発《しゅっぱつ》した。

第《だい》1番《ばん》が前田利家《まえだとしいえ》。天蓋《てんがい》、鐘《かね》の馬印《うまじるし》、2000人《にん》。

第《だい》2番《ばん》、徳川家康《とくがわいえやす》。金扇《きんせん》の馬印《うまじるし》に「厭離穢土《おんりえど》、欣求浄土《ごんぐじょうど》」の旗《はた》なびかせて、3500人《にん》。

そして第《だい》3番《ばん》が伊達政宗《だてまさむね》の出陣《しゅつじん》で、これが京《きょう》の町《まち》びとをおどろかせたのである。幟《のぼり》は紺地《こんじ》に、金《きん》の日《ひ》の丸《まる》が30本《ぽん》、鉄砲《てっぽう》100、弓《ゆみ》50、槍《やり》100の各隊《かくたい》が行進《こうしん》。そのあとに、馬上《ばじょう》30騎《き》をひきいるのは伊達成実《だてしげざね》。足軽《あしがる》たちの具足《ぐそく》は、すべて黒《くろ》ぬりで、具《ぐ》足《そく》の前後《ぜんご》には金《きん》の星《ほし》をつけ、かぶっている金《きん》の笠《かさ》は、1メートル近《ちか》い高《たか》さのとんがり笠《かさ》であった。

馬上《ばじょう》の武者《むしゃ》たちは、金熨付《きんのしつ》きの太刀《たち》をおび、金《きん》の半月《はんげつ》を縫《ぬ》いつけた黒《くろ》の母衣《ほろ》（馬上《ばじょう》で背《せ》につける大《おお》きな風船《ふうせん》のようなもので、矢《や》をふせぐ道具《どうぐ》。勇士《ゆうし》にのみゆるされ、アクセサリーでもある。）を背《せ》に負《お》い、馬《うま》には、ひょう・虎《とら》・くまなどの皮《かわ》でつくった馬《うま》よろいを着《き》せ、くじゃくの羽根《はね》かざりをつけていた。

もともと、戦国《せんごく》の武将《ぶしょう》たちのいでたちは派手《はで》で、その行列《ぎょうれつ》は、町《まち》びとが見物《けんぶつ》をする

ものだが、それにしても伊達政宗《だてまさむね》の派手《はで》な出陣《しゅつじん》は、のちのちの語《かた》りぐさとなった。

九州《きゅうしゅう》の名護屋《なごや》で、予備軍《よびぐん》としてとどまっていた伊達軍《だてぐん》は、年《とし》の明《あ》けた文禄《ぶんろく》2（1593）年《ねん》（前年《ぜんねん》12月《がつ》に文禄《ぶんろく》と改元《かいげん》）4月《がつ》、浅野長政《あさのながまさ》とともに海《うみ》をわたった。

政宗《まさむね》は、朝鮮《ちょうせん》の南部《なんぶ》の各地《かくち》でたたかったが、夏《なつ》になると、多《おお》くの将士《しょうし》が風土病《ふうどびょう》にかかって、ばたばたと死《し》んでいった。

政宗《まさむね》の右眼《うがん》を切《き》ったとき、死《し》に装束《しょうぞく》でささえてくれた原田左馬助宗時《はらださまのすけむねとき》も、あっけなく死《し》んだ。29歳《さい》であった。

政宗《まさむね》は、深《ふか》い悲《かな》しみのなかで、

ふきはらう　あらしにもろき　萩《はぎ》の花《はな》
だれしもいまや　おしまざらめや

とよんだ。

9月《がつ》11日《にち》、秀吉《ひでよし》から、出征軍《しゅっせいぐん》に帰国《きこく》の命令《めいれい》がとどいた。

閏《うるう》9月中旬《がつちゅうじゅん》、政宗《まさむね》は朝鮮《ちょうせん》を引《ひ》きあげ、京《きょう》にもどった。

政宗《まさむね》は帰国《きこく》のとき、朝鮮《ちょうせん》から梅《うめ》の木《き》を持《も》ちかえって、のちに、松島《まつしま》（宮城県《みやぎけん》）の瑞《ずい》巌寺《がんじ》の庭《にわ》に植《う》えた。政宗《まさむね》は、この梅《うめ》にちなんで、

絶海《ぜっかい》ノ行軍《こうぐん》　国《くに》ニ帰《かえ》ル日《ひ》
鉄衣《てつごろも》ノ袖裏《そでうら》ニ　芳芽《ほうが》ヲツツム

という詩《し》をよんだ。

このあと、政宗《まさむね》は1年半《ねんはん》、京《きょう》にとどまって、詩歌《しいか》・茶道《さどう》・書道《しょどう》・生《い》け花《ばな》などの教養《きょうよう》に、いっそうのみがきをかけた。

文禄《ぶんろく》3（1594）年《ねん》の春《はる》、秀吉《ひでよし》は、家康《いえやす》や前田利家《まえだとしいえ》と、吉野山《よしのやま》（奈良県吉野町《ならけんよしのちょう》）の花見《はなみ》に出《で》かけた。

政宗《まさむね》も供《とも》にくわえられたが、そのおり、
同《おな》じくは　あかぬ心《こころ》に　まかせつつ
ちらさで花《はな》を　見《み》るよしもがな
遠《とお》かりし　花《はな》のこずえも　におうなり
枝《えだ》に知《し》られぬ　風《かぜ》やふくらん
などと、和歌《わか》5首《しゅ》をよんだ。
そのころ歌人《かじん》として名高《なだか》い、近衛信尋《このえのぶひろ》や烏丸光広《からすまるみつひろ》が、すばらしいとほめちぎったという。
奥州《おうしゅう》をたって、すでに4年《ねん》の月日《つきひ》がたっていた。京《きょう》の生活《せいかつ》にすっかりなじんだように見《み》えた政宗《まさむね》ではあったが、じつは郷里《きょうり》がこいしくなった。いなか者《もの》とわらわれまいと、政宗《まさむね》は中央《ちゅうおう》の諸大名《しょだいみょう》と交際《こうさい》した。仲《なか》のよい友《とも》もできた。だが、ほんとうに心《こころ》のうちをわって話《はな》したい、というとき、政宗《まさむね》の心《こころ》は郷里《きょうり》に向《む》かった。

政宗《まさむね》は、虎哉和尚《こさいおしょう》に2度《ど》、手紙《てがみ》を書《か》いた。

いつか、親《おや》となっていた政宗《まさむね》は、わが子《こ》への情愛《じょうあい》を感《かん》じ、それとともに、母《はは》の保春院《ほしゅんいん》の、その後《ご》の身《み》の上《うえ》を案《あん》じた。

政宗《まさむね》が、弟《おとうと》の小次郎《こじろう》をさしたあと、最上家《もがみけ》へのがれた母《はは》は、朝鮮《ちょうせん》まで手紙《てがみ》を送《おく》ってくれた。

政宗《まさむね》はよろこび、母《はは》に返事《へんじ》を書《か》いた。

仇敵《きゅうてき》のようなあいだがらになったのは、戦国《せんごく》の世《よ》に生《い》きんがためのことであった。母上《ははうえ》もまたさびしかったのだと、政宗《まさむね》もやさしい気持《きも》ちになって、ひまを見《み》つけては、手紙《てがみ》を書《か》きおくった。

翌文禄《よくぶんろく》4（1595）年《ねん》4月末《がつすえ》、政宗《まさむね》はやっと帰国《きこく》をゆるされ、なつかしい岩出山《いわでやま》城《じょう》（宮城県大崎市《みやぎけんおおさきし》）に帰《かえ》った。

ふたたび謀反《むほん》の疑《うたが》い

数年《すうねん》ぶりで帰国《きこく》した政宗《まさむね》に、またまた謀反《むほん》の疑《うたが》いがかかって、7月下旬《がつげじゅん》、あわただしく、京《きょう》にのぼらなければならなくなった。

この月《つき》の15日《にち》、秀吉《ひでよし》の養子《ようし》であり、関白職《かんぱくしょく》についた秀次《ひでつぐ》が、謀反《むほん》の疑《うたが》いで切腹《せっぷく》させられるという事件《じけん》が起《お》きたのだ。

この秀次《ひでつぐ》は、小田原《おだわら》の陣《じん》のあと、奥州《おうしゅう》にやってきている。政宗《まさむね》とは、それ以来《いらい》のつきあいであった。

秀吉《ひでよし》は、秀次《ひでつぐ》の謀反《むほん》に、政宗《まさむね》が関係《かんけい》しているとうたがったのである。

秀次《ひでつぐ》の謀反《むほん》は、無実《むじつ》であった。しかし秀次《ひでつぐ》には、数々《かずかず》の、人《ひと》としてゆるされない乱《らん》暴《ぼう》なふるまいが多《おお》く、罪《つみ》もない、多《おお》くの人命《じんめい》をうばった。それで京《きょう》の町《まち》びとは、「殺《せっ》生関白《しょうかんぱく》」とよんで、おそれた。

秀次《ひでつぐ》にも、同情《どうじょう》する点《てん》がないでもなかった。文禄《ぶんろく》2(1593)年《ねん》、秀吉《ひでよし》に男子《だんし》が生《う》まれた。

58歳《さい》の秀吉《ひでよし》は、孫《まご》のような、ひろい(のちの秀頼《ひでより》)をかわいがること、ひと通《とお》りではなかった。

それで、養子《ようし》の秀次《ひでつぐ》は、自分《じぶん》は秀吉《ひでよし》にうとまれ、やがて、追放《ついほう》されるだろうと悲観《ひかん》し、そのためにやけになったのだ、ともうわさされていた。

「秀次謀反《ひでつぐむほん》」とざん言《げん》(ありもしないことを目上《めうえ》の人《ひと》に告《つ》げる)したのは、石田三成《いしだみつなり》であった。

三成《みつなり》は、さらに秀次《ひでつぐ》と親《した》しかった政宗《まさむね》を、秀吉《ひでよし》にざん言《げん》したのであった。

京《きょう》の町《まち》では、今度《こんど》こそ政宗《まさむね》は、秀吉《ひでよし》に切《き》られるであろう、切《き》られないまでも、九州《きゅうしゅう》の果《は》てにでもうつされるであろうと、うわさした。

このとき、政宗《まさむね》のために弁護《べんご》してくれたのは、家康《いえやす》だった。家康《いえやす》は、秀吉《ひでよし》に忠告《ちゅうこく》した。

「政宗《まさむね》を九州《きゅうしゅう》にうつせば、京《きょう》にいる家臣《かしん》たちはもちろん、奥州《おうしゅう》にのこっている家来《けらい》たちも、謀反《むほん》に立《た》ちあがるでしょう。朝鮮《ちょうせん》の問題《もんだい》の解決《かいけつ》しないいま、内乱《ないらん》などが起《お》こるのは危険《きけん》です。」

いっぽう秀吉《ひでよし》は、家来《けらい》を政宗《まさむね》のもとにやって、秀次《ひでつぐ》とのあいだがらを、問《と》いただした。

政宗《まさむね》は、悪《わる》びれずに答《こた》えた。

「いかにも、わたしは秀次《ひでつぐ》さまと親《した》しく交《まじ》わってきました。しかし、あのような方《かた》だとは思《おも》ってもいなかったからです。もっとも、あのご聡明《そうめい》な太閤殿下《たいこうでんか》(秀吉《ひでよし》)でさえ、秀次《ひでつぐ》どのを見《み》あやまったのですから、まして片目《かため》のわたくしごときが、秀次《ひでつぐ》どのの悪心《あくしん》を見《み》ぬけなかったのは、しかたがございません。それでも、おゆるしにならないなら、この首《くび》をおはねくださいい。」

使者《ししゃ》の返事《へんじ》を聞《き》いて、秀吉《ひでよし》は納得《なっとく》した。

政宗《まさむね》は、自分《じぶん》の立場《たちば》を弁護《べんご》してくれた家康《いえやす》に恩《おん》を感《かん》じると同時《どうじ》に、秀吉《ひでよし》の側近《そっきん》、石《いし》田三成《だみつなり》に、はげしいいきどおりを感《かん》じた。

2年後《ねんご》の慶長《けいちょう》2（1597）年《ねん》。

秀吉《ひでよし》は、2度目《どめ》の朝鮮出兵《ちょうせんしゅっぺい》を命《めい》じた。

しかし、意味《いみ》のない戦争《せんそう》に、日本側《にっぽんがわ》の士気《しき》はふるわないまま、むだな歳月《さいげつ》がすぎた。

慶長《けいちょう》3（1598）年《ねん》8月《がつ》18日《にち》、秀吉《ひでよし》が死《し》んだ。政宗《まさむね》は32歳《さい》になっていた。

政宗《まさむね》にとって、秀吉《ひでよし》はにくい男《おとこ》であった。長年《ながねん》にわたり血《ち》を流《なが》して広《ひろ》げた奥州《おうしゅう》の領《りょう》地《ち》を、秀吉《ひでよし》は、地図《ちず》の上《うえ》の指先《ゆびさき》一本《ぽん》でとりあげてしまった。二度《ど》ならず三度《ど》までも、謀反《むほん》の疑《うたが》いをかけられ、あるいは？　と、死《し》を覚悟《かくご》しなければならなかったこともあった。もう10年早《ねんはや》く生《う》まれていたら、こんな猿《さる》のような男《おとこ》に、頭《あたま》をさげずにすんだものを――と、くやしい思《おも》いばかりをした。

しかしいっぽう、それでいて政宗《まさむね》には、秀吉《ひでよし》という人物《じんぶつ》に、親《した》しみのような感情《かんじょう》もあった。いやそれは、むしろ秀吉《ひでよし》のほうかもしれない。

油断《ゆだん》のならない若者《わかもの》、だが、芝居《しばい》っけや、しゃれっけもあるし、いさぎよさもあり、いつも、人《ひと》からわらわれないために教養《きょうよう》を積《つ》むこの若者《わかもの》が、なんとなくかわいらしく思《おも》われたのであろう。

こんなこともあった。

秀吉《ひでよし》は、1ぴきの猿《さる》を飼《か》っていた。茶目《ちゃめ》っけの強《つよ》い秀吉《ひでよし》は、ときどき、この猿《さる》をそそのかして、あいさつにくる大名《だいみょう》たちにとびかからせた。そして、大名《だいみょう》のあわて方《かた》がおかしいので、そのたびに秀吉《ひでよし》は、はらをかかえてわらうのであった。

ある日《ひ》、政宗《まさむね》がやってきた。いつものように、猿《さる》がとびだして、政宗《まさむね》にとびかかろうとした。だが、その瞬間《しゅんかん》、政宗《まさむね》の一眼《いちがん》が、かっと、猿《さる》をにらんだ。猿《さる》はおそれて、引《ひ》っこんでしまった。そばにいた大名《だいみょう》たちは、さすがは伊達《だて》の独眼竜《どくがんりゅう》と感心《かんしん》した。

しかし秀吉《ひでよし》は、「こしゃくな若僧《わかぞう》めが、また先《さき》まわりしたな。」と言《い》って、わらった。

秀吉《ひでよし》の見《み》ぬいたとおりだった。政宗《まさむね》は、猿《さる》のうわさを聞《き》くと、ひそかに手《て》をまわして、猿《さる》に会《あ》い、猿《さる》の頭《あたま》を強《つよ》くたたいて、おそれさせておいたのであった。

こんなことも、いまはなつかしい思《おも》い出《で》であった。

政宗《まさむね》は、秀吉《ひでよし》の遺品《いひん》である鎬藤四郎《しのぎとうしろう》の脇差《わきざし》を、いつも手放《てばな》さなかった。秀吉《ひでよし》の妻《つま》、高台院《こうだいいん》（ねね。正室《せいしつ》）は、豊臣家《とよとみけ》がほろびたのちも、政宗《まさむね》と贈《おく》りもののやりとりをするなどの交際《こうさい》をした。

新《あたら》しい時代《じだい》

秀吉《ひでよし》が死《し》ぬと、たちまち、京《きょう》の町《まち》では、おだやかでないうわさがとびかった。かんたんにいえば、豊臣家《とよとみけ》が2派《は》に分裂《ぶんれつ》したのである。

加藤清正《かとうきよまさ》、福島正則《ふくしままさのり》といった武将《ぶしょう》のグループと、石田三成《いしだみつなり》、小西行長《こにしゆきなが》らの政治家《せいじか》グループとである。

武将派《ぶしょうは》は、みな秀吉《ひでよし》と同《おな》じ尾張《おわり》の出身《しゅっしん》で、おさないときから豊臣秀吉《とよとみひでよし》の妻《つま》のねね夫《ふ》人《じん》（秀吉《ひでよし》の死後《しご》、高台院《こうだいいん》となる）にかわいがられた。

政治家《せいじか》グループは、秀吉《ひでよし》の側室淀君《そくしつよどぎみ》（秀頼《ひでより》の母《はは》）と親《した》しかった。

2派《は》の争《あらそ》いをしずめたのは、徳川家康《とくがわいえやす》であった。

秀吉亡《ひでよしな》きあと、政治《せいじ》は、家康《いえやす》ほか、前田《まえだ》、上杉《うえすぎ》、毛利《もうり》、宇喜多《うきた》といった大大名《だいだいみょう》たちが相談《そうだん》して行《おこな》うことになっていた。しかし、この国《くに》の武将《ぶしょう》、政治家《せいじか》で第《だい》一の実力者《じつりょくしゃ》は、だれの目《め》にも徳川家康《とくがわいえやす》であった。

その家康《いえやす》から、政宗《まさむね》のところに縁談《えんだん》が持《も》ちこまれたのだ。家康《いえやす》の六男忠輝《なんただてる》の嫁《よめ》として、政宗《まさむね》の長女《ちょうじょ》の五郎八《いろは》姫《ひめ》をほしいというのである。

「しかし、大名家同士《だいみょうけどうし》が、勝手《かって》に結婚《けっこん》してはならない、という太閤《たいこう》さま（秀吉《ひでよし》）のおきてがあるではありませぬか。」

片倉小十郎景綱《かたくらこじゅうろうかげつな》が言《い》った。

「それは太閤《たいこう》どのが決《き》めたこと。太閤亡《たいこうな》きあとは、自分《じぶん》の考《かんが》えで政治《せいじ》をやろうというのが、口《くち》には出《だ》さないが家康《いえやす》どののはらだ。」

「お返事《へんじ》は、どうなさいます。」

「これからは、家康《いえやす》どのを中心《ちゅうしん》にして天下《てんか》が動《うご》く。かねて、伊達家《だてけ》に好意《こうい》をよせてくれた家康《いえやす》どのに、そむく手《て》はない。」

政宗《まさむね》は、家康《いえやす》と手《て》をにぎることに決《き》めた。

家康《いえやす》が日一日《ひいちにち》と勢《いきお》いがよくなるのをおそれた石田三成《いしだみつなり》は、ついに、秀頼《ひでより》のためにも、いまのうちに家康《いえやす》を討《う》とうと決心《けっしん》した。

石田三成《いしだみつなり》は、米沢《よねざわ》、会津《あいづ》120万石《まんごく》の上杉景勝《うえすぎかげかつ》とむすんで、東《ひがし》と西《にし》から、家康《いえやす》をはさみうちにしようとした。

こうして「天下分《てんかわ》け目《め》」といわれた、関ケ原《せきがはら》の合戦《かっせん》が起《お》こった。

さっそく家康《いえやす》からの使者《ししゃ》が、政宗《まさむね》のもとにやってきた。

秀吉《ひでよし》にとりあげられた刈田《かりた》、伊達《だて》、信夫《しのぶ》、二本松《にほんまつ》、田村《たむら》、塩松《しおのまつ》、長井《ながい》といった7か所《しょ》の旧領地《きゅうりょうち》を、政宗《まさむね》にあたえるという証書《しょうしょ》であった。

「亡《な》くなった蒲生氏郷《がもううじさと》どのは、徳川殿《とくがわどの》を『けち川《がわ》』とかげでおよびしたそうです。信《しん》用《よう》すると、あとでがっかりなさるでしょう。」

小十郎《こじゅうろう》がそう言《い》って、苦笑《くしょう》した。

しかし、政宗《まさむね》は、ひそかに胸《むね》をときめかした。もし、家康《いえやす》が約束《やくそく》どおり、この7か所《しょ》をくれるなら、伊達《だて》の所領《しょりょう》は100万石《まんごく》となる。

――100万石《まんごく》の領主《りょうしゅ》なら、天下《てんか》を動《うご》かせる。――

ぼんやりと、そんなことを夢見《ゆめみ》たことがあった。

「人間本来無一物《にんげんほんらいむいちもつ》……。なまじ欲《よく》があるばかりに、わが身《み》を苦《くる》しめるのです。」

政宗《まさむね》が師《し》とあおぐ虎哉和尚《こさいおしょう》は、たびたび言《い》う。そのとおりだと思《おも》う。しかし、理屈《りくつ》ではわかっていても、戦国武将《せんごくぶしょう》としての血《ち》が、まだ34歳《さい》の胸《むね》のうちにはくすぶっているのだ。

上杉景勝《うえすぎかげかつ》の重臣《じゅうしん》で、米沢城《よねざわじょう》を守《まも》る直江山城守兼続《なおえやましろのかみかねつぐ》が、政宗《まさむね》の母《はは》の実家《じっか》、最上義光《もがみよしあき》の城《しろ》をせめた。義光《よしあき》は、政宗《まさむね》に助《たす》けをもとめてきた。

慶長《けいちょう》5（1600）年《ねん》5月《がつ》に、家康《いえやす》の上杉《うえすぎ》ぜめの命令《めいれい》がおりていた。

政宗《まさむね》は、いさんで出陣《しゅつじん》した。秀吉《ひでよし》の五大老《たいろう》のひとり、上杉景勝《うえすぎかげかつ》は、政宗《まさむね》のたたかいとった会津《あいづ》と、晴宗《はるむね》以来《いらい》の居城《きょじょう》である米沢城《よねざわじょう》をおさめている。

いまこそ、うばいかえすときとばかり、政宗《まさむね》は上杉《うえすぎ》をせめた。

戦国時代《せんごくじだい》を通《とお》して、もっとも強《つよ》いと言《い》われたのは、甲斐《かい》（山梨県《やまなしけん》）の武田信玄《たけだしんげん》のひきいる兵《へい》と、越後《えちご》の虎《とら》、上杉謙信《うえすぎけんしん》の兵《へい》であった。両軍《りょうぐん》は、いわゆる川中島《かわなかじま》の合戦《かっせん》に数《すう》度《ど》たたかって、ついに勝負《しょうぶ》がつかなかった。

景勝《かげかつ》は、その謙信《けんしん》の養子《ようし》であり、父《ちち》が見《み》こんだだけあって、猛将《もうしょう》とおそれられていた。その重臣《じゅうしん》の直江兼続《なおえかねつぐ》は、陪臣《ばいしん》（領主《りょうしゅ》の家来《けらい》で、秀吉《ひでよし》から見《み》れば、家来《けらい》の家来《けらい》である。）でありながら、30万石《まんごく》の米沢城《よねざわじょう》をあずかる、日本一《にほんいち》の陪臣《ばいしん》である。

さすがの政宗《まさむね》も、上杉《うえすぎ》をせめあぐんで、勝《か》ったり負《ま》けたりのいくさをつづけているうちに、関ケ原《せきがはら》の戦《たたか》いは終《お》わってしまった。東軍徳川家康《とうぐんとくがわいえやす》の大勝利《だいしょうり》であった。

西軍《せいぐん》の大将石田三成《たいしょういしだみつなり》はとらえられ、京《きょう》の三条河原《さんじょうがわら》で首《くび》を切《き》られた。毛利輝元《もうりてるもと》は、中《ちゅう》国地方《ごくちほう》の9か国《こく》から、防州《ぼうしゅう》、長州《ちょうしゅう》の2国《こく》におしこめられ、上杉家《うえすぎけ》もまた１２０万石《まんごく》から、米沢《よねざわ》のわずか30万石《まんごく》と、所領《しょりょう》をせばめられてしまった。

だが、東軍《とうぐん》について、100万石《まんごく》もらえるはずの政宗《まさむね》にも、ほとんど、ほうびの領地《りょうち》はあたえられなかった。政宗《まさむね》が、戦乱《せんらん》に乗《じょう》じて、すこしでも領土《りょうど》を広《ひろ》げようとした野望《やぼう》を、家康《いえやす》に見《み》ぬかれてしまったからである。またまた政宗《まさむね》は、くやしい思《おも》いをしなければならなかった。

はてしない夢《ゆめ》

さかえる仙台藩《せんだいはん》

関ケ原《せきがはら》の合戦《かっせん》で、天下《てんか》の権力《けんりょく》は徳川家康《とくがわいえやす》のものとなり、家康《いえやす》は、江戸《えど》に幕府《ばくふ》を開《ひら》いた。しかし、徳川家《とくがわけ》が完全《かんぜん》に天下《てんか》の将軍《しょうぐん》となるためには、大坂城《おおざかじょう》にいる豊臣秀頼《とよとみひでより》やその母《はは》の淀君《よどぎみ》、また親子《おやこ》をとりまく家臣《かしん》たちが、自分《じぶん》の前《まえ》に、家来《けらい》としてひざまずかなければならない。もしその気《き》がないならば、これを討《う》ちほろぼさなければならない。

こうして大坂《おおざか》の陣《じん》が起《お》こり、元和《げんな》1（1615）年《ねん》、大坂城《おおざかじょう》は落城《らくじょう》して、豊臣氏《とよとみし》は滅亡《めつぼう》した。

あれほど勢《いきお》いのよかった豊臣氏《とよとみし》の、まことにあっけない最期《さいご》であった。

強力《きょうりょく》な鉄砲隊《てっぽうたい》をひきいて大坂夏《おおざかなつ》の陣《じん》にかけつけた政宗《まさむね》ではあったが、秀吉個人《ひでよしこじん》とのめぐり合《あ》いは、一生《いっしょう》わすれられなかった。政宗《まさむね》にとって、秀吉《ひでよし》はにくい男《おとこ》であった。血《ち》を流《なが》して手《て》におさめた領地《りょうち》を、あっさり一言《ひとこと》でうばってしまった。また、今度《こんど》こそ、命《いのち》をうばわれるのでは、とおそろしい思《おも》いをしたのもたびたびであった。

それなのに、なぜか、なつかしい人《ひと》でもあった。あの人《ひと》（秀吉《ひでよし》）は、自分《じぶん》（政宗《まさむね》）をよく知《し》っていたとも思《おも》う。自分《じぶん》を知《し》ってくれる人間《にんげん》がいるということは、うれしいことである。

政宗《まさむね》は、秀吉《ひでよし》との思《おも》い出《で》を、ときおりなつかしんだ。

仙台城大広間《せんだいじょうおおひろま》の破風《はふ》には、天皇家《てんのうけ》の菊《きく》のご紋《もん》とともに、豊臣家《とよとみけ》の桐《きり》の紋《もん》があった。

豊臣家《とよとみけ》がほろびると、それを待《ま》っていたかのように、翌年《よくねん》、家康《いえやす》が病床《びょうしょう》にふした。

それを聞《き》いて政宗《まさむね》は、はるばる、家康《いえやす》の隠居所《いんきょじょ》である駿府《すんぷ》（静岡市《しずおかし》）に見舞《みま》いにおもむいた。

「よろしく、天下《てんか》のこと、おねがいもうすぞ。」

家康《いえやす》は、くりかえし政宗《まさむね》に、徳川家《とくがわけ》の補佐《ほさ》をたのんだ。政宗《まさむね》が、秀吉《ひでよし》ににらまれてあぶないときに、いつも、間《あいだ》に入《はい》ってくれたのは家康《いえやす》である。

「ご安心《あんしん》めされよ。」

政宗《まさむね》は、家康《いえやす》にくりかえし言《い》った。

関ケ原《せきがはら》の合戦《かっせん》があった翌年《よくねん》の慶長《けいちょう》６（１６０１）年正月《ねんしょうがつ》11日《にち》、政宗《まさむね》は仙台城《せんだいじょう》の工事《こうじ》を始《はじ》めた。いままでの岩出山城《いわでやまじょう》はせめにくく守《まも》りやすい城《しろ》だが、60万石《まんごく》あまりの領地《りょうち》をおさめていくためには、北《きた》にかたよっていた。

政宗《まさむね》は領内各地《りょうないかくち》を見《み》てまわったすえ、築城《ちくじょう》の地《ち》を、仙台《せんだい》の青葉山《あおばやま》に決《き》めた。ここは、東《ひがし》には、そそりたつがけ下《した》に広瀬川《ひろせがわ》が流《なが》れ、西《にし》は深《ふか》い山林《さんりん》、南《みなみ》は深《ふか》い竜《たつ》の口《くち》の渓谷《けいこく》、北《きた》は沢《さわ》につづいている。

また経済《けいざい》の発展《はってん》を考《かんが》えたとき、仙台平野《せんだいへいや》のまんなかで、奥州街道《おうしゅうかいどう》が通《とお》っている。

城《しろ》をきずくにあたっては、なにごとも人《ひと》まかせにしないで、政宗《まさむね》みずからが、指図《さしず》した。

それで、早《はや》くも慶長《けいちょう》８（１６０３）年《ねん》には、東西《とうざい》２４５メートル、南北《なんぼく》２６７メー

トルの本丸《ほんまる》ができあがった。

慶長《けいちょう》16(1611)年《ねん》、日本《にっぽん》をおとずれたイスパニア大使《たいし》セバスチャン・ビスカイノは、「仙台城《せんだいじょう》は、日本《にっぽん》でもっともすぐれた城《しろ》であり、もっとも堅固《けんご》な城《しろ》のひとつである。」と記《しる》している。

政宗《まさむね》は城《しろ》づくりと同時《どうじ》に、城下町《じょうかまち》づくりを始《はじ》めた。

もともと仙台《せんだい》という土地《とち》は、雑木林《ぞうきばやし》に囲《かこ》まれた荒《あ》れ地《ち》の多《おお》いところであったが、1000体《たい》の石仏《せきぶつ》があったので「千体《せんたい》」、のちに「千代《せんだい》」(仙台《せんだい》)とあらためられたという。

政宗《まさむね》はこの荒《あ》れ地《ち》に、京《きょう》、大坂《おおざか》、江戸《えど》にならぶ5万人《まんにん》の住《す》む城下町《じょうかまち》をつくろうと、思《おも》いたったのである。

城下町《じょうかまち》の中心《ちゅうしん》を、奥州街道《おうしゅうかいどう》の芭蕉《ばしょう》の辻《つじ》においた。街道《かいどう》は、広瀬川《ひろせがわ》をわたり、北上《ほくじょう》して、穀町《こくまち》、南鍛冶町《みなみかじまち》、荒町《あらまち》、北目町《きためまち》、国分町《こくぶんまち》、二日町《ふつかまち》、通町《とおりまち》とつづいている。この道《どう》路《ろ》は、いまもほとんどそのまま利用《りよう》されている。

政宗《まさむね》は、岩出山城下《いわでやまじょうか》の住民《じゅうみん》はそっくり新《あたら》しい城下町《じょうかまち》へうつし、15歳《さい》から75歳《さい》までの人《ひと》をすべて交替《こうたい》ではたらかせ、短《みじか》い歳月《さいげつ》で、みごとに美《うつく》しい城下町《じょうかまち》を完成《かんせい》させた。

城下町《じょうかまち》が完成《かんせい》すると、政宗《まさむね》は休《やす》むひまもなく、金《きん》の採掘《さいくつ》、製鉄《せいてつ》、うるし、養蚕《ようさん》、製《せい》塩《えん》、良馬《りょうば》の生産《せいさん》など、産業《さんぎょう》の開発《かいはつ》にはげんだ。

山《やま》に囲《かこ》まれた米沢《よねざわ》で育《そだ》った政宗《まさむね》が、はじめて、日本《にほん》三景《けい》のひとつといわれる松島《まつしま》を見《み》たときの感動《かんどう》は、言《い》い知《し》れぬほど深《ふか》いものがあった。

海岸《かいがん》の岸壁《がんぺき》には、何百《なんびゃく》とも知《し》れない無数《むすう》の洞穴《ほらあな》があった。そこは多《おお》くの修行僧《しゅぎょうそう》がこもって座禅《ざぜん》を組《く》み、瞑想《めいそう》にふけったところである。その奥《おく》まったところに、慈覚大師《じかくだいし》のたてた円福寺《えんぷくじ》［1］があった。

「大小無数《だいしょうむすう》の島《しま》と松《まつ》の緑《みどり》、なんという美《うつく》しい海《うみ》だ。そして、この清浄《せいじょう》な岩穴《いわあな》と寺《てら》。」


［1］慈覚大師《じかくだいし》（平安時代《へいあんじだい》の僧《そう》）が、天長《てんちょう》5（828）年《ねん》にたてた松島《まつしま》の延福寺《えんぷくじ》（天台宗《てんだいしゅう》）は、鎌倉時代《かまくらじだい》に法身禅師開山《ほっしんぜんじかいざん》の円福寺《えんぷくじ》（臨済宗《りんざいしゅう》）にかわった。

とつぶやいたとき、政宗《まさむね》の胸《むね》には、この寺《てら》を、よりりっぱに、そして松島《まつしま》に、慈覚大《じかくだい》師《し》の五大堂《ごだいどう》〔2〕も再建《さいけん》しようという夢《ゆめ》がわいていた。

新《あたら》しくたてられる寺《てら》の用材《ようざい》は、すべて紀州熊野《きしゅうくまの》（和歌山県《わかやまけん》）の山《やま》から切《き》って、海路《かいろ》で運《はこ》ばせた。完成《かんせい》すると、政宗《まさむね》は瑞巌寺《ずいがんじ》と改名《かいめい》した。

また五大堂《ごだいどう》は、松島《まつしま》の海《うみ》ぞいにつきでた小高《こだか》い松林《まつばやし》の中《なか》にあった。おさないときに見《み》た不動明王《ふどうみょうおう》の印象《いんしょう》が強《つよ》かった政宗《まさむね》なので、五大明王《ごだいみょうおう》をまつった五大堂《ごだいどう》の再建《さいけん》にも力《ちから》を注《そそ》いだのである。3間《けん》（約《やく》6・9メートル）四方《しほう》の小《ちい》さな堂《どう》だが、青《あお》い海《うみ》の上《うえ》につきでて、松《まつ》の緑《みどり》に映《は》えるお堂《どう》の美《うつく》しさは、たちまち口《くち》づたえに、江戸《えど》にまで知《し》れわたった。

さらに政宗《まさむね》は、大崎八幡宮《おおさきはちまんぐう》をつくった。京《きょう》で秀吉《ひでよし》のたてた聚楽第《じゅらくだい》を、いわゆる桃山《ももやま》文化《ぶんか》をそのまま東北《とうほく》にもちかえったような、きらびやかな社殿《しゃでん》であった。

ローマへの使節《しせつ》

政治家政宗《せいじかまさむね》の目《め》は、海外《かいがい》にも向《む》けられていた。外国《がいこく》の文化《ぶんか》をとりいれ、貿易《ぼうえき》をすることで、さらに豊《ゆた》かな国《くに》づくりを思《おも》いたった。

このころ、ヨーロッパの国々《くにぐに》と貿易《ぼうえき》するためには、キリスト教《きょう》の総本山《そうほんざん》であるローマ教皇《きょうこう》の支持《しじ》が必要《ひつよう》だった。つまり、キリスト教《きょう》の布教《ふきょう》をゆるすことで、貿易《ぼうえき》が成立《せいりつ》することになるのである。

そのころ、日本各地《にほんかくち》をまわってキリスト教《きょう》を布教《ふきょう》していた、イスパニア人《じん》のソテロという神父《しんぷ》がいた。


［2］平安時代《へいあんじだい》、坂上田村麻呂《さかのうえのたむらまろ》が松島《まつしま》にたてたお堂《どう》が始《はじ》まりとされる。その後《ご》、慈覚大師《じかくだいし》が延福寺《えんぷくじ》を開山《かいざん》したさい、不動《ふどう》・降三世《ごうざんぜ》・軍荼利《ぐんだり》・大威徳《だいいとく》・金剛夜叉《こんごうやしゃ》の五大明王像《ごだいみょうおうぞう》をまつった。

このソテロが、イスパニア大使《たいし》とともに仙台《せんだい》にやってきて、政宗《まさむね》と会《あ》った。

ソテロのヨーロッパ話《ばなし》は、政宗《まさむね》の心《こころ》を強《つよ》く動《うご》かした。

――よし、使節《しせつ》を送《おく》り、ヨーロッパの国々《くにぐに》と貿易《ぼうえき》をしよう。――

政宗《まさむね》は幕府《ばくふ》の許可《きょか》を得《え》ると、さっそく太平洋《たいへいよう》の荒波《あらなみ》をこえる長《なが》さ36メートルもある大型帆船《おおがたはんせん》をつくった。船大工《ふなだいく》800人《にん》、金具《かなぐ》をつくる鍛冶職人《かじしょくにん》600人《にん》、下働《したばた》きの人《ひと》3000人《にん》による事業《じぎょう》であった。船《ふね》の名《な》は、サン・ファン・バウティスタ号《ごう》（洗礼《せんれい》号《ごう》）と名《な》づけた。

慶長《けいちょう》18（1613）年《ねん》9月《がつ》15日《にち》、支倉六右衛門常長《はせくらろくえもんつねなが》を使節《しせつ》として、180人《にん》あまりの乗組員《のりくみいん》を乗《の》せた船《ふね》は、牡鹿半島《おしかはんとう》の月浦《つきのうら》から船出《ふなで》した。

船出《ふなで》して90日《にち》もの日数《にっすう》をついやして、ついに一行《いっこう》は、メキシコ国《こく》のアカプルコに着《つ》いた。

支倉常長《はせくらつねなが》は、アカプルコに使節団《しせつだん》の大部分《だいぶぶん》をのこすと、残《のこ》り30人《にん》あまりを引《ひ》きつれ、大西洋《たいせいよう》をこえてヨーロッパにわたった。

慶長《けいちょう》20（1615）年《ねん》1月2日《がつふつか》イスパニアの首都《しゅと》マドリードに着《つ》いた常長《つねなが》は、国王《こくおう》フェリペ3世《せい》と会見《かいけん》して、政宗《まさむね》の親書《しんしょ》を手《て》わたした。

9か月後《げつご》の元和《げんな》1（1615）年《ねん》9月3日《がつみっか》、一行《いっこう》は、最後《さいご》の目的地《もくてきち》ローマに到着《とうちゃく》した。日本《にっぽん》を出発《しゅっぱつ》して、すでに2年以上《ねんいじょう》がすぎていた。

常長一行《つねながいっこう》のローマ入市式《にゅうしき》が行《おこな》われると、ローマ市民《しみん》の歓迎《かんげい》はたいへんなものであった。28発《ぱつ》の大砲《たいほう》を撃《う》ち、使節《しせつ》をむかえる道《みち》の両側《りょうがわ》は、ローマ市民《しみん》でうめつくされたという。

こうしてめでたく、支倉常長《はせくらつねなが》は、ローマ教皇《きょうこう》パウロ5世《せい》と会見《かいけん》することができた。だが、常長《つねなが》が長《なが》い旅《たび》をしているあいだに、江戸《えど》（徳川《とくがわ》）幕府《ばくふ》は、キリスト教《きょう》を禁止《きんし》する命令《めいれい》をくだしていた。ヨーロッパ諸国《しょこく》は、アジアの国々《くにぐに》を侵略《しんりゃく》するため、まず宣《せん》教師《きょうし》をつかわして、キリスト教《きょう》を広《ひろ》め、それとともに有利《ゆうり》に貿易《ぼうえき》をして、果《は》ては、それらの国《くに》を植民地《しょくみんち》にすることが多《おお》かった。幕府《ばくふ》はこのことを警戒《けいかい》して、キリスト教《きょう》を禁止《きんし》したのである。

キリスト禁教《きんきょう》のことは、たちまちローマ教皇《きょうこう》の耳《みみ》にもつたえられた。

キリスト教《きょう》を禁止《きんし》する国《くに》（日本《にっぽん》）との貿易《ぼうえき》を、ローマ教皇《きょうこう》がゆるすはずはなかった。

あれほどの歓迎《かんげい》を受《う》けながら、支倉常長《はせくらつねなが》は、むなしく帰国《きこく》しなければならなくなった。

政宗《まさむね》の、海外《かいがい》と広《ひろ》く交《まじ》わっていきたいという大《おお》きな望《のぞ》みも、ここに消《き》えてしまった。

以後《いご》、徳川幕府《とくがわばくふ》の外交《がいこう》は、キリスト教《きょう》のきびしいとりしまりに向《む》かい、寛永《かんえい》12（1635）年《ねん》には、外国船《がいこくせん》が貿易《ぼうえき》できる地《ち》は長崎《ながさき》にかぎり、キリスト教《きょう》は全国的《ぜんこくてき》に禁《きん》止《し》、いわゆる鎖国《さこく》260年《ねん》の政策《せいさく》が実行《じっこう》されていく。

7年《ねん》ぶりに帰《かえ》ってきた支倉常長《はせくらつねなが》のヨーロッパ、メキシコへの旅《たび》は、まったくむなしいものになってしまった。

政宗《まさむね》もまた、幕府《ばくふ》の命《めい》にしたがわなければならない。ローマ教皇《きょうこう》に宣教師《せんきょうし》の派遣《はけん》をねがった政宗《まさむね》は、一転《いってん》して、キリスト教徒《きょうと》をとりしまらなければならなくなった。

もしそれをしなければ、幕府《ばくふ》に対《たい》する反逆《はんぎゃく》となる。それでも、政宗《まさむね》のキリシタンとりしまりは、よその藩《はん》にくらべてゆるやかであった。

家康《いえやす》が死《し》んで、2代目《だいめ》の秀忠《ひでただ》の時代《じだい》になり、キリスト禁教《きんきょう》の方針《ほうしん》がいよいよ強《つよ》められていくと、仙台藩《せんだいはん》のとりしまりも、しだいにきびしさをましていった。5人《にん》の宗徒《しゅうと》が火《ひ》あぶりになり、9人《にん》が広瀬川大橋《ひろせがわおおはし》の下《した》で、水責《みずぜ》めにあって殺《ころ》された。

伊達《だて》百万石《まんごく》

戦国《せんごく》から江戸時代初期《えどじだいしょき》にかけて、すぐれた大名《だいみょう》たちが、もっとも力《ちから》を注《そそ》いだのは河川工事《かせんこうじ》であった。川《かわ》の氾濫《はんらん》をふせぐため、武田信玄《たけだしんげん》が、合戦《かっせん》の合間《あいま》に、いわゆる「信玄堤《しんげんづつみ》」をきずいたことは有名《ゆうめい》である。仙台藩《せんだいはん》では、北上川《きたかみがわ》の被害《ひがい》がもっとも大《おお》きかった。

平和《へいわ》な時代《じだい》になっても、政宗《まさむね》は、一日《いちにち》たりとも、ぼんやりと時《とき》をすごす、ということはなかった。

政宗《まさむね》は、何度《なんど》もこの北上川《きたかみがわ》に足《あし》を運《はこ》んだ。そして、なんとしてでも、この川《かわ》をおさめ、生産《せいさん》に利用《りよう》していこう、と思《おも》った。

政宗《まさむね》は、一度《いちど》会《あ》った人《ひと》の顔《かお》と名前《なまえ》をわすれることがなかった。政宗《まさむね》は、川村孫兵衛《かわむらまごべえ》〔3〕という、すぐれた技術者《ぎじゅつしゃ》の名《な》を思《おも》いだした。川村《かわむら》は、政宗《まさむね》が京《きょう》にいたとき知《し》りあった河川工事《かせんこうじ》などの技術《ぎじゅつ》にたけた武士《ぶし》であった。

――そうだ、あの男《おとこ》なら、きっとやれる。――

政宗《まさむね》は川村孫兵衛《かわむらまごべえ》をよんで、河川工事《かせんこうじ》を命《めい》じた。

孫兵衛《まごべえ》は目《め》をかがやかせ、つぎつぎに意見《いけん》を出《だ》した。

「まず、この曲《ま》がりくねった川《かわ》を、まっすぐまっすぐ、海《うみ》に通《とお》すことでございましょう。」

「そのためには、堤防《ていぼう》を高《たか》くしなければなりますまい。」

「とはいえ……水《みず》をそのまま、むざむざと海《うみ》にすててしまうのはおしいものです。……そうです。北上《きたかみ》の主流《しゅりゅう》を軸《じく》にして、左右《さゆう》に水《みず》を引《ひ》いていけば、荒《あ》れ地《ち》に水田《すいでん》ができます。」

「そうそう、流《なが》れる水《みず》に船《ふね》をうかべれば、馬《うま》や牛《うし》の背《せ》に荷《に》を負《お》わせるよりも楽《らく》に、物《もの》が運《はこ》べます。」

孫兵衛《まごべえ》の熱情《ねつじょう》こめての話《はなし》に、政宗《まさむね》はすっかり引《ひ》きつけられた。これからの時代《じだい》は、こういう男《おとこ》こそ、国《くに》のために必要《ひつよう》なのだと思《おも》った。

政宗《まさむね》は、何度《なんど》も工事《こうじ》に失敗《しっぱい》する孫兵衛《まごべえ》をはげました。

「あいつのやることはあやしい。キリシタンバテレンの回《まわ》し者《もの》ではないか。」


［3］1575～1648年《ねん》。武士《ぶし》、土木事業家《どぼくじぎょうか》。孫兵衛《まごべえ》は通称《つうしょう》で、川村重吉《かわむらじゅうきち》という。長州《ちょうしゅう》（現在《げんざい》の山口県《やまぐちけん》）に生《う》まれ、最初《さいしょ》は毛利輝元《もうりてるもと》に仕《つか》えた。政宗《まさむね》のもとで行《おこな》った北上川《きたかみがわ》の改修《かいしゅう》工事《こうじ》は、孫兵衛《まごべえ》の最大《さいだい》の事業《じぎょう》であった。河口《かこう》の石巻港《いしのまきこう》を開《ひら》いたのも孫兵衛《まごべえ》である。

という悪口《わるくち》も、しきりにささやかれたが、政宗《まさむね》は、孫兵衛《まごべえ》を信《しん》じて、思《おも》いどおりの仕《し》事《ごと》をさせた。

運河《うんが》をいくつもつくり、荒《あ》れ地《ち》を田《た》にするために、武士《ぶし》もはたらかせた。

そして、一面《いちめん》の荒《あ》れ野《の》が、数年後《すうねんご》には稲穂《いなほ》のそよぐ豊《ゆた》かな米《こめ》どころとなっていった。

できた米《こめ》は、これも川村孫兵衛《かわむらまごべえ》によって開《ひら》かれた運河《うんが》にうかぶ船《ふね》によって、石巻港《いしのまきこう》に運《はこ》ばれた。

港《みなと》には、石巻《いしのまき》と江戸《えど》を行《い》き来《き》する大《おお》きな千石船《ごくぶね》が50そうもあって、山《やま》と積《つ》まれた仙《せん》台米《だいまい》は、江戸《えど》に運《はこ》ばれて売《う》られた。

とどこおることなく売《う》られていくので、農民《のうみん》はせっせと米《こめ》づくりにいそしみ、62万《まん》石《ごく》といわれた仙台藩《せんだいはん》のほんとうの生産高《せいさんだか》は、100万石《まんごく》にのぼるだろうとうわさされるようになった。

花鳥風月《かちょうふうげつ》を愛《あい》して

「年《とし》をとると目《め》ざめが早《はや》い。」

政宗《まさむね》は、床《とこ》の中《なか》でつぶやいた。

中庭《なかにわ》ですずめが鳴《な》いているから、夏《なつ》の短夜《みじかよ》は、もう明《あ》けているのだろう。

いま政宗《まさむね》は、城《しろ》は長男《ちょうなん》の忠宗《ただむね》にまかせ、8年《ねん》まえに新《あたら》しくたてた若林別荘《わかばやしべっそう》でほとんどくらしている。

だが政宗《まさむね》は、起《お》きあがらない。毎朝《まいあさ》、小坊主《こぼうず》の声《こえ》で起《お》きることになっている。

政宗《まさむね》はまえの晩《ばん》、かならず、宿直《しゅくちょく》の小坊主《こぼうず》に、起《お》こす時刻《じこく》を知《し》らせておく。

それで小坊主《こぼうず》が声《こえ》をかけるまで、ねたふりをしているのだ。

「殿《との》、お目《め》ざめの刻限《こくげん》にございます。」

小一時間《こいちじかん》たって、小坊主《こぼうず》が声《こえ》をかけた。

起《お》きあがった政宗《まさむね》は、めっきりうすくなった髪《かみ》にくしを入《い》れ、たばねた。わかいときからの習慣《しゅうかん》で、自分《じぶん》ですることになっていた。

口《くち》をすすぎ、顔《かお》を洗《あら》うと、たばこを二、三服《ぷく》すって、小袖《こそで》に着《き》かえる。

政宗《まさむね》は、「閑所《かんしょ》」とよぶ小部屋《こべや》に入《はい》った。すずり、紙《かみ》、書物等《しょもつとう》がきれいにせいとんされていた。

「朝《あさ》の献立《こんだて》にございます。」

小坊主《こぼうず》が、書《か》きつけをわたした。

「これでじゅうぶんじゃが、すこし、みそのかげんをうすめておくように言《い》いつけてくれ。年《とし》のせいか、動《うご》きが足《た》りないせいか、塩《しお》けはうすいほうがよくなってきた。」

「ほかにご用《よう》は。」

「ゆうべは暑《あつ》かった。食事《しょくじ》のまえに行水《ぎょうずい》を使《つか》おうか。」

やがて政宗《まさむね》は、行水《ぎょうずい》を使《つか》って表座敷《おもてざしき》に入《はい》った。

「おはようございます。」

奥山大学《おくやまだいがく》ほか、今朝《けさ》の食事《しょくじ》をともにする数人《すうにん》が、頭《あたま》をさげた。

「ほととぎすを聞《き》きたいと思《おも》うのじゃが。」

汁《しる》をひと口《くち》すって、政宗《まさむね》が言《い》った。

「今年《ことし》は、なかなかおそうございますようで。」

いまの政宗《まさむね》の楽《たの》しみは、花鳥風月《かちょうふうげつ》をあるがままに感《かん》じることであった。春《はる》は仙台城《せんだいじょう》の桜《さくら》を愛《あい》し、初夏《しょか》にはほととぎすの声《こえ》をたずね、秋《あき》は名月《めいげつ》をながめて歌《うた》をよむ。またときには、近《ちか》くの寺《てら》をまわり、僧《そう》たちと詩《し》をつくって見《み》せあったりもする。

「母君《ははぎみ》の墓参《ぼさん》かたがた、北山《きたやま》のあたりを歩《ある》いてみよう。ほととぎすが聞《き》こえるかもしれない。」

さすがに、体力《たいりょく》のおとろえを感《かん》じるこのごろであった。それでも去年《きょねん》は、江戸城《えどじょう》二《に》の丸《まる》で、3代将軍家光《だいしょうぐんいえみつ》の面前《めんぜん》で、おかかえの能役者《のうやくしゃ》に「実盛《さねもり》」を舞《ま》わせ、自分《じぶん》は太鼓《たいこ》を打《う》った。「みごとなばちさばき。伊達《だて》のじいはすこしもおとろえぬ。」と、家光《いえみつ》が感《かん》心《しん》したほどであった。

だが、70歳《さい》になった政宗《まさむね》は、今年《ことし》に入《はい》ると、気分《きぶん》がすぐれない日《ひ》が多《おお》くなった。やっと、つつじがさき、庭池《にわいけ》のあやめがさくころになって、元気《げんき》をとりもどしてきたのである。

長生《ながい》きすれば、肉親《にくしん》の死《し》にあう悲《かな》しみの数《かず》も多《おお》い。

「師《し》のきみ。」

と、仏間《ぶつま》にこもって、虎哉禅師《こさいぜんじ》の位牌《いはい》につぶやくことも多《おお》くなってきた。

「おおせのとおり、人《ひと》の世《よ》は無常《むじょう》なものでござる、みんな、ようまあ、死《し》んでゆく、わしをのこして……。」

政宗《まさむね》はつぶやいた。

ふたりの妹《いもうと》は、子《こ》どものうちに死《し》んでいる。たったひとりの弟《おとうと》小次郎《こじろう》は、自身《じしん》の手《て》で刺殺《しさつ》しなければならなかった。

政宗《まさむね》は、妻愛姫《つまめごひめ》のほかにも、何人《なんにん》か側室《そくしつ》がいて、十男《なん》四女《じょ》がいた。しかしそのうち、4人《にん》の子《こ》がすでに死《し》んでいた。肉親《にくしん》よりも縁《えん》が深《ふか》く、まったく一心同体《いっしんどうたい》ともいえるあいだがらの片倉小十郎《かたくらこじゅうろう》も、原田左馬助《はらださまのすけ》も、とうに死《し》んでいた。40年《ねん》にわたっての師虎哉和尚《しこさいおしょう》は、もちろんのことである。

政宗《まさむね》は、奥山大学《おくやまだいがく》をつれて、城外《じょうがい》に出《で》た。

政宗《まさむね》は、母保春院《ははほしゅんいん》の墓《はか》に手《て》を合《あ》わせた。

生《い》きるということは、愛《あい》と憎《にく》しみをくりかえすということだ、と政宗《まさむね》はつくづく思《おも》う。

――自分《じぶん》は70年《ねん》の生涯《しょうがい》、天下統一《てんかとういつ》をこころざして、ついにならなかった。しかし動乱《どうらん》の世《よ》を、いくつもの死《し》に向《む》かいながら、それでも切《き》りぬけ、100万石《まんごく》にはならなかったが、加賀《かが》(石川県《いしかわけん》)前田氏《まえだし》の100万石《まんごく》、薩摩《さつま》(鹿児島県《かごしまけん》)島津氏《しまづし》の70万石《まんごく》に次《つ》ぐ所領《しょりょう》を守《まも》りぬいてきた。しかし、そのために、どれだけ多《おお》くの愛《あい》と憎《にく》しみ、血《ち》となみだを流《なが》してきたことか。――

母《はは》の保春院《ほしゅんいん》は、政宗《まさむね》をのぞこうとして失敗《しっぱい》、ぎゃくに追《お》われて、実家《じっか》の最上家《もがみけ》に去《さ》った。しかし、その最上《もがみ》は、あとつぎの問題《もんだい》のさわぎで幕府《ばくふ》ににらまれ、とりつぶしにあった。政宗《まさむね》は、行《ゆ》く先《さき》のない母《はは》を、仙台《せんだい》によんで家《いえ》をたてた。

その母《はは》も、13年《ねん》まえ、76歳《さい》で亡《な》くなった。

戦乱《せんらん》の時代《じだい》でなければ、素直《すなお》に親子《おやこ》の情愛《じょうあい》をかわしあえたかもしれなかったのに、と政宗《まさむね》は思《おも》う。また、考《かんが》えてみると、自分《じぶん》は、おだやかで円満《えんまん》な人《ひと》であった父《ちち》の輝宗《てるむね》よりも、むしろ感情《かんじょう》がはげしく、こうと決《き》めたら、そのとおりに動《うご》かなければ気《き》のすまない、母《はは》の性格《せいかく》に似《に》ているような気《き》がした。

政宗《まさむね》と母《はは》の保春院《ほしゅんいん》が、真《しん》に親子《おやこ》の情愛《じょうあい》をかわしたのは、政宗《まさむね》が、昔疱瘡《むかしほうそう》をわずらう以前《いぜん》の、いとけなき日々《ひび》と、母《はは》の生家《せいか》がつぶれ、政宗《まさむね》が引《ひ》きとって近《ちか》くに住《す》まわせた晩年《ばんねん》の1年間《ねんかん》であった。それでも、この1年《ねん》がなかったら、どれだけ悔《く》いがのこったことだろう。やはり、これも幸《しあわ》せと、神《かみ》に感謝《かんしゃ》すべきことであろうか、と政宗《まさむね》は思《おも》った。

母《はは》の墓参《ぼさん》をすませた政宗《まさむね》は、北山《きたやま》に向《む》かった。緑《みどり》したたるような、深《ふか》い杉《すぎ》の木立《こだち》に入《はい》った。そのまま政宗《まさむね》の足《あし》は、一歩一歩《いっぽいっぽ》、経ケ峰《きょうがみね》にいたる山路《やまじ》を登《のぼ》っていった。

山道《やまみち》にさしかかった。青葉《あおば》のにおいのむせるような木立《こだち》がつづいた。山歩《やまある》きはすきだったが、このごろは杖《つえ》の世話《せわ》になるようになった。

ふと政宗《まさむね》が足《あし》を止《と》め、耳《みみ》をかたむけた。

「ほう、鳴《な》いておりまするな。」

奥山大学《おくやまだいがく》が言《い》った。ほととぎすの鳴《な》き声《ごえ》である。

政宗《まさむね》はにっこりして、手《て》にした杖《つえ》を、地《ち》にさして言《い》った。

「ほととぎすが聞《き》こえる。ここにしよう。」

「なにがでございます。」

「わしの墓《はか》は、ここにしてくれ。」

「殿《との》、なにをおおせられます。縁起《えんぎ》でもございません。」

「よいではないか、人間一度《にんげんいちど》は死《し》ぬのだからな。」

と言《い》って、また、ほととぎすの鳴《な》き声《ごえ》に耳《みみ》をかたむけた。

旅路《たびじ》の果《は》て

それから2日後《ふつかご》の、寛永《かんえい》13（1636）年《ねん》4月20日《がつはつか》。政宗《まさむね》は江戸《えど》に旅立《たびだ》った。

「あるいは、ふたたび、この仙台《せんだい》の地《ち》には帰《かえ》れないかもしれぬ。もし万《まん》が一《いち》のときは、わかい忠宗《ただむね》を助《たす》けて、この伊達家《だてけ》をもりたててほしい。」

とりたてて病気《びょうき》というわけではないのに、政宗《まさむね》は、にわかにおとろえてきた自分《じぶん》に気《き》づいて、「余命《よめい》いくばくもなし。」と、さとったらしい。郡山《こおりやま》まで来《く》ると、宿《やど》へ着《つ》くなり、横《よこ》になった。

25日《にち》には、むりをして、家康《いえやす》をまつっている日光東照宮《にっこうとうしょうぐう》にお参《まい》りをした。ちょうど、家康《いえやす》の二十一回忌《かいき》にあたっていた。

28日《にち》、江戸《えど》の桜田屋敷《さくらだやしき》に入《はい》った。料理人《りょうりにん》が腕《うで》をふるってつくった料理《りょうり》に、政宗《まさむね》は、ほとんど手《て》をつけなかった。

5月1日《がつついたち》、体調《たいちょう》が悪《わる》いのをおして江戸城《えどじょう》に行《ゆ》き、3代将軍家光《だいしょうぐんいえみつ》に会《あ》った。家光《いえみつ》は、政宗《まさむね》の顔色《かおいろ》がことのほか悪《わる》いのにおどろいて、京都《きょうと》にいる名医《めいい》をむかえる手《て》だてをして、さらに江戸中《えどじゅう》の寺社《じしゃ》に、政宗《まさむね》の病気平癒《びょうきへいゆ》を祈願《きがん》させた。

21日《にち》、家光《いえみつ》は、桜田屋敷《さくらだやしき》に政宗《まさむね》を見舞《みま》った。諸大名《しょだいみょう》もつぎつぎに見舞《みま》いにおとずれた。そのたびに政宗《まさむね》は起《お》きて、かみしもをつけて、客《きゃく》をもてなすかのようにふるまったので、体調《たいちょう》はいっそう悪《わる》くなった。右《みぎ》のわきばらがむくんで、大《おお》きくはれてきた。

23日《にち》、妻《つま》の愛夫人《めごふじん》に書《しょ》を送《おく》った。その中身《なかみ》は、夫人《ふじん》から忠宗《ただむね》に、将軍《しょうぐん》によく仕《つか》え、伊達《だて》の家臣《かしん》たちが代々繁栄《だいだいはんえい》できるよう努力《どりょく》することを、助言《じょげん》してやってほしいとあった。伊達家《だてけ》の家来《けらい》たちをひとつにまとめるための方法《ほうほう》も、いくつか記《しる》されてあった。

「つかれた、部屋《へや》をそうじせよ。」

と言《い》うと、政宗《まさむね》はふらふらと起《お》きあがった。

「殿《との》、あぶのうございます。」

「湯《ゆ》をあびる。」

入浴《にゅうよく》をすませると、政宗《まさむね》は髪《かみ》をゆいなおしてから、床《とこ》に入《はい》った。

うつら、うつらとしながらも、ときどき目《め》ざめた。

「いま、何刻《なんどき》じゃ。」

「いまだ、丑《うし》（午前《ごぜん》2時《じ》ごろ）の刻《こく》にございます。」

宿直《とのい》の者《もの》が答《こた》えた。

「夏《なつ》の短夜《みじかよ》なのに、なぜか、今夜《こんや》は秋《あき》の夜《よ》よりも長《なが》く思《おも》われるぞ。」

「いえ、お眠《ねむ》りになれば、はやばやと夜《よ》が明《あ》けまする。お休《やす》みなされませ。」

だが、政宗《まさむね》はそれには答《こた》えず、

「思《おも》うてみれば、少年《しょうねん》のころより、いくたび死《し》にのぞんだものであろうか。そのたびに、これが命《いのち》の終《お》わりよ、と覚悟《かくご》したものじゃが、このように長《なが》らえて、たたみの上《うえ》で死《し》ぬとは思《おも》ってもいなかったぞ、はっはっはっ。」

と、静《しず》かにわらった。

明《あ》け方《がた》、政宗《まさむね》は起《お》きて髪《かみ》をととのえ、手洗《てあら》いに行《い》ったあと、

「しばらくひとりにせよ。みだりに人《ひと》を入《い》れるでないぞ。」

と言《い》いつけると、ふたたび床《とこ》に入《はい》って、西方《せいほう》に向《む》かって手《て》を合《あ》わせた。

「殿《との》……殿《との》……殿《との》！」

宿直《とのい》が、二度《にど》、三度《さんど》、声《こえ》をかけたが返事《へんじ》がなかった。

障子《しょうじ》を開《あ》けると、すでに政宗《まさむね》は息《いき》を引《ひ》きとっていた。5月《がつ》24日《か》の午前《ごぜん》6時《じ》であった。

曇《くも》りなき　心《こころ》の月《つき》を　先《さき》だてて
浮《う》き世《よ》の闇《やみ》を　てらしてぞゆく

辞世《じせい》の歌《うた》である。満《まん》68歳《さい》と9か月《げつ》、数《かぞ》え年《どし》70歳《さい》。当時《とうじ》としては長命《ちょうめい》である。

（終《お》わり）

伊達政宗《だてまさむね》の年表《ねんぴょう》

年代《ねんだい》	年齢《ねんれい》	できごと	世《よ》の中《なか》の動《うご》き
1567（永禄《えいろく》10）	1歳《さい》	8月《がつ》3日《みっか》、伊達輝宗《だててるむね》の長男《ちょうなん》として、米沢城《よねざわじょう》（米沢市《よねざわし》）に生《う》まれる。幼名《ようめい》は梵天丸《ぼんてんまる》。	
1570（元亀《げんき》1）	4歳《さい》	政宗《まさむね》が四、五歳《さい》のころ、弟《おとうと》、小次郎《こじろう》（竺丸《じくまる》）が生《う》まれる。	
1572（元亀《げんき》3）	6歳《さい》	7月《がつ》、虎哉宗乙《こさいそういつ》を師《し》とする。	
1573（天正《てんしょう》1）			武田信玄《たけだしんげん》死去《しきょ》。
1577（天正《てんしょう》5）	11歳《さい》	11月《がつ》、元服《げんぷく》し、藤次郎政宗《とうじろうまさむね》と名乗《なの》る。	
1578（天正《てんしょう》6）			上杉謙信《うえすぎけんしん》死去《しきょ》。
1579（天正《てんしょう》7）	13歳《さい》	冬《ふゆ》に愛姫《めごひめ》と結婚《けっこん》する。	
1581（天正《てんしょう》9）	15歳《さい》	5月《がつ》、相馬氏《そうまし》とたたかう。初陣《ういじん》。	
1582（天正《てんしょう》10）			本能寺《ほんのうじ》の変《へん》で、信長《のぶなが》が明智光秀《あけちみつひで》にたおされる。
1584（天正《てんしょう》12）	18歳《さい》	相馬氏《そうまし》と和睦《わぼく》。家督《かとく》を相続《そうぞく》する。	

1585（天正《てんしょう》13）	19歳《さい》	閏《うるう》8月《がつ》、大内定綱《おおうちさだつな》とたたかう。定綱《さだつな》が畠山義継《はたけやまよしつぐ》をたよったので、義継《よしつぐ》をせめ、降伏《こうふく》させる。その後《ご》、父輝宗《ちちてるむね》が義継《よしつぐ》の計略《けいりゃく》にあい死去《しきょ》。11月《がつ》、佐竹氏《さたけし》、蘆名氏《あしなし》と人取橋《ひととりばし》で激突《げきとつ》する。	豊臣秀吉《とよとみひでよし》、関白《かんぱく》となる。
1588（天正《てんしょう》16）			秀吉《ひでよし》の刀狩《かたなが》り。大判《おおばん》・小判《こばん》の貨幣《かへい》ができる。
1589（天正《てんしょう》17）	23歳《さい》	蘆名氏降伏《あしなしこうふく》。黒川城《くろかわじょう》に入《はい》る。	
1590（天正《てんしょう》18）	24歳《さい》	1月《がつ》、秀吉《ひでよし》より小田原参陣《おだわらさんじん》を命《めい》じられる。4月《がつ》、小次郎《こじろう》を切《き》る。6月《がつ》、小田原《おだわら》で白装束《しろしょうぞく》となって秀吉《ひでよし》に会《あ》う。7月《がつ》、会津領《あいづりょう》をとりあげられ、居城《きょじょう》を米沢城《よねざわじょう》にうつす。8月《がつ》、葛西《かさい》八郡《ぐん》、大崎《おおさき》五郡《ぐん》もとりあげられ、10月《がつ》、新領主《しんりょうしゅ》木村《きむら》父子《ふし》に対《たい》して、領民《りょうみん》たちの一揆《いっき》が起《お》きる。	4月《がつ》、秀吉《ひでよし》の小田原城《おだわらじょう》ぜめ始《はじ》まる。
1591（天正《てんしょう》19）	25歳《さい》	2月《がつ》、金《きん》のはりつけ柱《ばしら》をおしたてて秀吉《ひでよし》に会《あ》いに行《い》く。一揆《いっき》の起《お》きた葛西《かさい》八郡《ぐん》、大崎《おおさき》五郡《ぐん》をおさめることになるが、晴宗《はるむね》以来《いらい》の地《ち》、米沢城《よねざわじょう》をとりあげられる。	

1592（天正《てんしょう》20）（文禄《ぶんろく》1）	26歳《さい》	秀吉《ひでよし》より朝鮮出兵《ちょうせんしゅっぺい》の命令《めいれい》を受《う》ける。3月《がつ》、派《は》手《で》な軍装《ぐんそう》の行列《ぎょうれつ》で、京《きょう》を出発《しゅっぱつ》する。	文禄《ぶんろく》の役《えき》。秀吉《ひでよし》、朝鮮出《ちょうせんしゅっ》兵《ぺい》の命令《めいれい》を出《だ》す。
1593（文禄《ぶんろく》2）	27歳《さい》	秀吉《ひでよし》の命令《めいれい》で、4月《がつ》、浅野長政《あさのながまさ》と釜山《プサン》にわたる。9月《がつ》、帰国《きこく》。	
1594（文禄《ぶんろく》3）	28歳《さい》	2月《がつ》、秀吉《ひでよし》の吉野《よしの》の花見《はなみ》にしたがい、歌会《うたかい》に列席《れっせき》する。6月《がつ》、長女五郎八姫《ちょうじょいろはひめ》生《う》まれる。	
1595（文禄《ぶんろく》4）	29歳《さい》	秀吉《ひでよし》の養子秀次《ようしひでつぐ》が謀反《むほん》の罪《つみ》で切腹《せっぷく》させられ、政宗《まさむね》も取《と》り調《しら》べを受《う》ける。徳川家康《とくがわいえやす》のとりなしで、疑《うたが》いが晴《は》れる。	
1597（慶長《けいちょう》2）	31歳《さい》	冬《ふゆ》、従四位下右近衛権少将《じゅしいげうこのえごんしょうしょう》に任《にん》じられる。越前守《えちぜんのかみ》を兼任《けんにん》する。	慶長《けいちょう》の役《えき》。秀吉《ひでよし》、2度目《どめ》の朝鮮出兵命令《ちょうせんしゅっぺいめいれい》を出《だ》す。
1598（慶長《けいちょう》3）			秀吉《ひでよし》死去《しきょ》。
1599（慶長《けいちょう》4）	33歳《さい》	家康《いえやす》の六男忠輝《なんただてる》と、長女五郎八姫《ちょうじょいろはひめ》との縁談《えんだん》がととのう。	
1600（慶長《けいちょう》5）	34歳《さい》	上杉景勝《うえすぎかげかつ》とたたかう。12月《がつ》、城普請《しろぶしん》のため、地名《ちめい》を仙台《せんだい》とあらためる。	関ケ原《せきがはら》の合戦《かっせん》。イギリスが東《ひがし》インド会社《がいしゃ》を設立《せつりつ》。
1601（慶長《けいちょう》6）	35歳《さい》	1月《がつ》、仙台城築城開始《せんだいじょうちくじょうかいし》。	

1603（慶長《けいちょう》8）			家康《いえやす》が江戸《えど》幕府《ばくふ》を開《ひら》く。
1604（慶長《けいちょう》9）	38歳《さい》	松島《まつしま》に五大堂《ごだいどう》を再建《さいけん》する。	
1608（慶長《けいちょう》13）	42歳《さい》	陸奥守《むつのかみ》となる。	
1613（慶長《けいちょう》18）	47歳《さい》	9月《がつ》、支倉常長《はせくらつねなが》をヨーロッパへ派遣《はけん》する。	
1614（慶長《けいちょう》19）	48歳《さい》	大坂冬《おおざかふゆ》の陣《じん》にしたがう。	
1615（慶長《けいちょう》20）（元和《げんな》1）	49歳《さい》	1月《がつ》、支倉常長《はせくらつねなが》、政宗《まさむね》の親書《しんしょ》をイスパニア王《おう》にわたす。大坂夏《おおざかなつ》の陣《じん》にしたがう。	豊臣氏《とよとみし》がほろぶ。
1616（元和《げんな》2）	50歳《さい》	家康《いえやす》の病気見舞《びょうきみま》いで駿府《すんぷ》（静岡市《しずおかし》）に行《い》く。家康《いえやす》に死後《しご》のことをたのまれる。	家康《いえやす》死去《しきょ》。
1623（元和《げんな》9）	57歳《さい》	母《はは》、保春院《ほしゅんいん》死去《しきょ》。	
1628（寛永《かんえい》5）	62歳《さい》	若林《わかばやし》の屋敷《やしき》でくらす。	
1636（寛永《かんえい》13）	70歳《さい》	4月《がつ》、病《やまい》をおして、家康《いえやす》の21回忌《かいき》に日光東照宮《にっこうとうしょうぐう》に行《い》く。5月《がつ》、江戸城《えどじょう》で3代将軍家光《だいしょうぐんいえみつ》に会《あ》う。5月《がつ》24日《か》、江戸《えど》で死去《しきょ》。	

年齢《ねんれい》は数《かぞ》え年《どし》

解説《かいせつ》

戦国武将《せんごくぶしょう》と政宗《まさむね》の性格《せいかく》の秘密《ひみつ》

浜野卓也《はまのたくや》

うかびあがる政宗《まさむね》の姿《すがた》

戦国《せんごく》を勝《か》ちぬいていった大名《だいみょう》は、みなひとすじなわではいかない。大胆《だいたん》かと思《おも》えば細心《さいしん》、愛情《あいじょう》こまやかかと思《おも》えば、平気《へいき》で残虐《ざんぎゃく》な行為《こうい》もする。率直《そっちょく》にものを言《い》うかと思《おも》えば、うそもつく。

もっとも、よく考《かんが》えてみれば、これはすべての人間《にんげん》に共通《きょうつう》していることではないだろうか。それに、矛盾《むじゅん》したふたつの性格《せいかく》をつつみこんでいるということは、その人間《にんげん》のスケールが大《おお》きいということでもある。

伊達政宗《だてまさむね》の複雑《ふくざつ》な性格《せいかく》もまた、まさに戦国《せんごく》の英雄《えいゆう》たるにふさわしい。これを、ひとつのまとまった人格《じんかく》に統一《とういつ》して、いわゆる伝記《でんき》として書《か》くのは容易《ようい》なことではなかった。けっきょく、信《しん》じられている資料《しりょう》のいくつかをとりあげ、わたしなりに解釈《かいしゃく》しながら書《か》きすすむほかはなかった。しかし、本文《ほんもん》には書《か》かなかったが、政宗《まさむね》の本来《ほんらい》の性《せい》格《かく》は、繊細《せんさい》で、周囲《しゅうい》に過敏《かびん》に反応《はんのう》する、世間《せけん》なみの表現《ひょうげん》でいうと、「頭《あたま》がいいだけに神経質《しんけいしつ》」といった人《ひと》であったように思《おも》う。和歌《わか》（短歌《たんか》）もうまいし、学問好《がくもんず》きで、神《しん》経質《けいしつ》な一面《いちめん》が、つねに他人《たにん》を意識《いしき》することで、自己顕示《じこけんじ》（目立《めだ》ちたがりや）となってあらわれたのであろう。

政宗《まさむね》をまつった霊廟《れいびょう》は、瑞鳳殿《ずいほうでん》といって仙台市《せんだいし》の郊外《こうがい》にたっている。1974年《ねん》の発掘調査《はっくつちょうさ》で、政宗《まさむね》の遺骨《いこつ》が出《で》てきたが、その身長《しんちょう》は158センチ前後《ぜんご》で、当時《とうじ》としてはほぼ平均的《へいきんてき》であり、その血液型《けつえきがた》はB型《ビーがた》であるという。また政宗《まさむね》の資料館《しりょうかん》、「みちのく伊達政宗歴史館《だてまさむねれきしかん》」には、さらに政宗《まさむね》の声《こえ》が再現《さいげん》（わたしには、その方法《ほうほう》、また科学的《かがくてき》根拠《こんきょ》については、知識《ちしき》はないが）されているが、それによると、たいへん甲高《かんだか》く、むしろ女性的《じょせいてき》な声《こえ》ですらある。

この瑞鳳殿《ずいほうでん》にある木像《もくぞう》は両眼《りょうがん》をそなえている。そのために、かつては、独眼竜《どくがんりゅう》が否《ひ》定《てい》され、両眼説《りょうがんせつ》がとなえられたことがあった。しかしそれは、独眼《どくがん》であることを気《き》にした政宗《まさむね》の希望《きぼう》で、両眼《りょうがん》の木像《もくぞう》となったものらしい。

松島《まつしま》の瑞巌寺《ずいがんじ》にも政宗《まさむね》の木像《もくぞう》があるが、こちらは独眼《どくがん》である。つたえるところによると、政宗《まさむね》の十七回忌《かいき》のとき、政宗《まさむね》の真《しん》の姿《すがた》がわからなくなってしまうのを心配《しんぱい》して、夫人《ふじん》の記憶《きおく》をもとに、ありのままの像《ぞう》をつくって、寺《てら》の奥深《おくふか》くに安置《あんち》しておいたものであるという。

これらの話《はなし》から総合《そうごう》すると、スタイリストの政宗《まさむね》は、内心《ないしん》では独眼《どくがん》を気《き》にしていたと思《おも》われる。おそらく、家臣《かしん》たちも諸大名《しょだいみょう》も、20歳《はたち》そこそこで奥州《おうしゅう》を制圧《せいあつ》した強《つよ》い政《まさ》宗《むね》が、自分《じぶん》の独眼《どくがん》に劣等感《れっとうかん》をいだいていたとは想像《そうぞう》もつかなかったであろう。

秀吉《ひでよし》と政宗《まさむね》

だが、劣等感《れっとうかん》はだれにでもある。いや、すぐれた人物《じんぶつ》ほど強《つよ》いというべきであろう。政宗《まさむね》にかぎらず、秀吉《ひでよし》もまたそのころの身分《みぶん》のひくい生《う》まれ、戦国《せんごく》の武士《ぶし》としては貧弱《ひんじゃく》な体力《たいりょく》、主人《しゅじん》の信長《のぶなが》から「はげねずみ」とあだ名《な》された容貌《ようぼう》……などに、かくべつに強《つよ》い劣等感《れっとうかん》をいだいていたようだ。それなればこそ、華麗《かれい》な聚楽第《じゅらくだい》をたてたり、北野《きたの》の大茶会《だいちゃかい》をもよおしたり、果《は》ては朝鮮出兵《ちょうせんしゅっぺい》という、ばかげた侵略戦争《しんりゃくせんそう》まで実《じっ》行《こう》してしまったのである。

政宗《まさむね》が、小田原《おだわら》の陣《じん》のとき、死《し》に装束《しょうぞく》で秀吉《ひでよし》に会《あ》いに行《い》ったこと、大崎《おおさき》・葛西一揆《かさいいっき》のときは、金箔《きんぱく》のはりつけ柱《ばしら》をかついでいったこと、さらには朝鮮出兵《ちょうせんしゅっぺい》のとき、京《きょう》の市民《しみん》をたまげさせた派手《はで》な軍装《ぐんそう》をしたこと……なども、秀吉《ひでよし》におとらぬ、劣等感《れっとうかん》とその克服《こくふく》にふるいたったふるまいといえよう。

この伝記《でんき》のなかでは書《か》かなかったが、秀吉《ひでよし》と政宗《まさむね》のふたりの目立《めだ》ちたがりやが、小《お》田原《だわら》で会《あ》ったとき、秀吉《ひでよし》は、ただひとり政宗《まさむね》をつれて、裏山《うらやま》に、登《のぼ》ったことがあった。戦場《せんじょう》を見《み》おろしながら、秀吉《ひでよし》は政宗《まさむね》に、「おまえは奥州《おうしゅう》のいなかの合戦《かっせん》しか経験《けいけん》がないからわかるまいが、合戦《かっせん》というものは、このように兵《へい》を動《うご》かすことなのだ。」と、得意気《とくいげ》に語《かた》ったという。そしてそのとき、秀吉《ひでよし》は、自分《じぶん》の太刀《たち》を政宗《まさむね》に持《も》たせ、後《うし》ろにひかえさせていたという。政宗《まさむね》は、その気《き》になれば、秀吉《ひでよし》を切《き》れるはずであった。ということは、おれはおまえを信頼《しんらい》しているのだぞ、という秀吉《ひでよし》の心《こころ》の表現《ひょうげん》であった。この話《はなし》が事実《じじつ》とすると、秀吉《ひでよし》もまた危険《きけん》な賭《か》けをしながら、この政宗《まさむね》の心《こころ》をつかもうとしたということである。敏感《びんかん》な政宗《まさむね》が、それに気《き》づかないわけがない。それだからこそ、政宗《まさむね》は、とくに秀吉《ひでよし》にかかわりのあるとき、負《ま》けるものかとばかり、はったりの大芝居《おおしばい》を打《う》ったのである。

ところが、地味《じみ》な家康《いえやす》に対《たい》しては、政宗《まさむね》は、そのように派手《はで》な対応《たいおう》はしていない。政宗《まさむね》にとって秀吉《ひでよし》は、にくいが、しかしわすれられないなつかしい人《ひと》でもあったろう。

秀吉《ひでよし》もまた、政宗《まさむね》を油断《ゆだん》ならぬやつ、と思《おも》ういっぽう、その人柄《ひとがら》も愛《あい》したと見《み》えて、数々《かずかず》の逸話《いつわ》がのこっている。到来物《とうらいもの》（もらいもの）の柿《かき》を、手《て》ずから諸大名《しょだいみょう》に分《わ》けあたえたおり、「政宗《まさむね》は柿《かき》がすきだから。」と、みずから、箱《はこ》の中《なか》をかきまわして、特上《とくじょう》の柿《かき》をあたえたなどは、ほほえましい話《はなし》である。つまり政宗《まさむね》は、小型秀吉《こがたひでよし》とでもいうべき人物《じんぶつ》といえると思《おも》う。政宗《まさむね》が秀吉《ひでよし》よりもすこし先《さき》に生《う》まれ、また、もうすこし日本《にっぽん》の中央《ちゅうおう》に生《う》まれていたら、戦国《せんごく》の歴史《れきし》もかわっていたかもしれない……など と、ふと思《おも》ったりもするが、しかしこれは、わたしのひいきの引《ひ》きたおしと言《い》うべきであろう。

さて、物語《ものがたり》の前半《ぜんはん》のやまばにすえた、政宗独眼《まさむねどくがん》の由来《ゆらい》について述《の》べておく。この伝《でん》記《き》で書《か》いた、片倉小十郎《かたくらこじゅうろう》が、病眼《びょうがん》をえぐりとる話《はなし》は有名《ゆうめい》である。しかし、あまりにも有名《ゆうめい》であり、また芝居《しばい》がかっているので、かえって、あやしいとして、とりあげない考《かんが》えもある。しかし、わたしは、資料《しりょう》『明良洪範《めいりょうこうはん》』にも見《み》えることであり、あえてとりあげた。というのはこの時代《じだい》、現代《げんだい》のような医学《いがく》や外科手術《げかしゅじゅつ》もなく、この話《はなし》に類《るい》する残酷《ざんこく》ともいえる処置《しょち》のしかたについては、『雑兵物語《ぞうひょうものがたり》』そのほかに記《しる》されている。

それになによりも、独眼竜《どくがんりゅう》とうたわれた政宗《まさむね》の少年時代《しょうねんじだい》の苦《くる》しみとそれを克服《こくふく》する力《ちから》を、よくしめしていると思《おも》うからである。

本書《ほんしょ》は講談社《こうだんしゃ》火《ひ》の鳥《とり》伝記《でんき》文庫《ぶんこ》『伊達《だて》政宗《まさむね》』（1986年《ねん》10月《がつ》15日《にち》初版《しょはん》）を底本《ていほん》に、新《あたら》しい資料《しりょう》に基《もと》づいて内容《ないよう》の改訂《かいてい》を行《おこな》い、一部《いちぶ》の文字《もじ》づかい、表現《ひょうげん》などを読《よ》みやすくあらためたものです。「あとがき」は旧版《きゅうはん》のものを再録《さいろく》しました。また、伊達《だて》政宗《まさむね》が刀《かたな》の黒《くろ》いつばを眼帯《がんたい》にしていたエピソードは、通説《つうせつ》とされていますが、とりいれていません。

伊達《だて》政宗《まさむね》をめぐる歴史《れきし》人物伝《じんぶつでん》

政宗《まさむね》がもっとも信頼《しんらい》した智将《ちしょう》

片倉小十郎《かたくらこじゅうろう》

1557-1615年《ねん》

出羽《でわ》の国《くに》（現在《げんざい》の山形県《やまがたけん》）に生《う》まれる。通称景綱《つうしょうかげつな》。おさないときに両親《りょうしん》をなくしたため、15歳《さい》ほど年上《としうえ》の義理《ぎり》の姉《あね》、喜多《きた》に育《そだ》てられた。喜多《きた》は学問《がくもん》にも武芸《ぶげい》にもすぐれた人物《じんぶつ》で、小十郎《こじゅうろう》は多《おお》くのことを学《まな》ぶ。その喜多《きた》が政宗《まさむね》の乳母《うば》になった縁《えん》で、政宗《まさむね》の側近《そっきん》として仕《つか》えるようになった。

いつも冷静《れいせい》な小十郎《こじゅうろう》は、軍師的《ぐんしてき》な役割《やくわり》をはたした。伊達家《だてけ》の命運《めいうん》がかかった天正《てんしょう》13（1585）年《ねん》の人取橋《ひととりばし》の合戦《かっせん》では、おとりとなって敵《てき》を引《ひ》きつけ、政宗《まさむね》をすくったという。また、豊臣秀吉《とよとみひでよし》が小田原《おだわら》の北条氏《ほうじょうし》をせめたときには、どうするか思《おも》いなやむ政《まさ》宗《むね》を説《と》きふせ、秀吉《ひでよし》にしたがわせた。

秀吉《ひでよし》に気《き》に入《い》られ、家来《けらい》になるようさそわれたが、辞退《じたい》した。徳川家康《とくがわいえやす》も、小十郎《こじゅうろう》には一目《いちもく》おいていて、一国一城《いっこくいちじょう》（ひとつの国《くに》に城《しろ》はひとつ）の決《き》まりをつくったのちにも、伊達領《だてりょう》の白石城《しろいしじょう》は特別《とくべつ》にみとめ、片《かた》倉家《くらけ》が幕末《ばくまつ》まで城主《じょうしゅ》をつとめた。

伊達成実《だてしげざね》

政宗《まさむね》の幼《おさな》なじみで
伊達軍《だてぐん》の猛将《もうしょう》

1568-1646年《ねん》

大森城《おおもりじょう》（福島市《ふくしまし》）で生《う》まれる。小《ち》さいころから親戚《しんせき》の政宗《まさむね》とともに学問《がくもん》と武芸《ぶげい》にはげみ、成長《せいちょう》してからはその片腕《かたうで》となった。

人取橋《ひととりばし》の合戦《かっせん》では、不利《ふり》な状況《じょうきょう》から引《ひ》き分《わ》けにした功労者《こうろうしゃ》となる。武勇《ぶゆう》にすぐれ、数々《かずかず》のいくさで伊達軍《だてぐん》の中心勢力《ちゅうしんせいりょく》として活躍《かつやく》し、勇猛《ゆうもう》な武将《ぶしょう》ぶりを発揮《はっき》した。

のちに、政宗《まさむね》が家督《かとく》を相続《そうぞく》してからの記録《ろく》を、『成実記《しげざねき》』（『伊達日記《だてにっき》』）に記《しる》した。

虎哉宗乙《こさいそういつ》

政宗《まさむね》の教養《きょうよう》を
はぐくんだ名僧《めいそう》

1530-1611年《ねん》

美濃《みの》の国《くに》（現在《げんざい》の岐阜県《ぎふけん》）に生《う》まれ、11歳《さい》で出家《しゅっけ》した。政宗《まさむね》の父輝宗《ちちてるむね》の強《つよ》い願《ねが》いにより、政宗《まさむね》が6歳《さい》のときから師《し》となる。

学芸《がくげい》、軍事《ぐんじ》、政治《せいじ》など広《ひろ》く教《おし》えるほか、ほおをつねって、「いたいならいたくないと言《い》え。」などと、へそ曲《ま》がりの教育法《きょういくほう》で、強《つよ》い心《こころ》を育《そだ》て、がまんの大切《たいせつ》さをつたえたという。政宗《まさむね》が朝鮮《ちょうせん》に出兵《しゅっぺい》したときは、詩《し》文《ぶん》でおたがいの状況《じょうきょう》をつたえあった。

軽快《けいかい》で知略《ちりゃく》にとむ天下人《てんかびと》

豊臣秀吉《とよとみひでよし》

1537－1598年《ねん》

尾張《おわり》の国《くに》（現在《げんざい》の愛知県西部《あいちけんせいぶ》）の農民《のうみん》の子《こ》に生《う》まれた秀吉《ひでよし》は、体《からだ》は小《ちい》さく、武術《ぶじゅつ》にすぐれていたわけでもなかった。それなのに、織田信長《おだのぶなが》の家来《けらい》の名《な》だたる武将《ぶしょう》たちと、肩《かた》をならべるほどに出世《しゅっせ》したのは、戦国時代《せんごくじだい》を生《い》きぬくための知恵《ちえ》を身《み》につけていたからだ。人《ひと》を見《み》る目《め》も確《たし》かだった。そして、ひと晩《ばん》で城《しろ》をきずくなど、まわりがあっとおどろくほどの仕事《しごと》をやってのけた。

信長《のぶなが》が本能寺《ほんのうじ》でたおれたあと、秀吉《ひでよし》は明智光秀《あけちみつひで》をやぶってあとつぎ候補《こうほ》に名乗《なの》りをあげた。そしてライバルの柴田勝家《しばたかついえ》に勝《か》ち、天下統一《てんかとういつ》の大仕事《おおしごと》を進《すす》めていったが、いくつかのかべがあった。

西《にし》の勇《ゆう》、毛利氏《もうりし》とは、ひとまず和睦《わぼく》したが、小田原《おだわら》の北条氏《ほうじょうし》はまっこうから秀吉《ひでよし》と対立《たいりつ》したので、どうしても討《う》つ必要《ひつよう》があった。となると、北条氏《ほうじょうし》の北《きた》にいる伊達政宗《だてまさむね》が、どちらにつくかによって、状況《じょうきょう》は大《おお》きくかわってくる。

結局《けっきょく》、政宗《まさむね》が秀吉《ひでよし》にしたがったので、秀吉《ひでよし》は戦《たたか》いを有利《ゆうり》に進《すす》めることができた。政宗《まさむね》は、天下統一《てんかとういつ》の鍵《かぎ》をにぎっていたといってもいいだろう。

太平《たいへい》の世《よ》をきずいた
江戸《えど》幕府《ばくふ》初代将軍《しょだいしょうぐん》

徳川家康《とくがわいえやす》

1542-1616年《ねん》

三河《みかわ》の国《くに》（現在《げんざい》の愛知県東部《あいちけんとうぶ》）の小《ちい》さな大《だい》名《みょう》の家《いえ》に生《う》まれた家康《いえやす》は、わかいころを織《お》田《だ》家《け》や今川家《いまがわけ》の人質《ひとじち》としてすごす。きびしい戦国《せんごく》の世《よ》にもまれて育《そだ》ったせいか、有力《ゆうりょく》な戦国大名《せんごくだいみょう》の中《なか》で、もっともがまん強《づよ》く、用心深《ようじんぶか》い人物《じんぶつ》だったといわれている。

秀吉《ひでよし》の死後《しご》、関ケ原《せきがはら》の合戦《かっせん》では、東軍《とうぐん》の大将《たいしょう》として勝利《しょうり》する。征夷大将軍《せいいたいしょうぐん》に任命《にんめい》され、江戸《えど》に幕府《ばくふ》を開《ひら》くと、重要《じゅうよう》な場所《ばしょ》には以前《いぜん》から家来《けらい》だった信頼《しんらい》できる大名《だいみょう》を配置《はいち》し、関ケ原《せきがはら》の合戦《かっせん》の前後《ぜんご》から新《あら》たに家臣《かしん》となった外様大名《とざまだいみょう》には、江戸《えど》からはなれた場《ば》所《しょ》に領地《りょうち》をあたえた。

家康《いえやす》が警戒《けいかい》していたのは、薩摩《さつま》の島津《しまづ》氏《し》ら力《ちから》のある外様大名《とざまだいみょう》で、伊達政宗《だてまさむね》もそのひとりだった。そこで、外様《とざま》には江戸城《えどじょう》の工《こう》事《じ》などを命《めい》じてお金《かね》を出《だ》させ、それ以上《いじょう》力《ちから》をたくわえられないようにした。

家康《いえやす》が大坂《おおざか》の陣《じん》で豊臣家《とよとみけ》をほろぼすと、有力《ゆうりょく》な外様大名《とざまだいみょう》も、家康《いえやす》にはさからわないほうがよいと考《かんが》えた。政宗《まさむね》も野心《やしん》はすて、領国《りょうごく》の政治《せいじ》に専念《せんねん》する。家康《いえやす》はそんな政宗《まさむね》をたのもしく思《おも》い、死《し》の間際《まぎわ》には2代将軍《だいしょうぐん》秀忠《ひでただ》のことを政宗《まさむね》にたくすほどだった。

政宗《まさむね》があこがれた
茶《ちゃ》の湯《ゆ》の名人《めいじん》

千利休《せんのりきゅう》

1522－1591年《ねん》

堺《さかい》（現在《げんざい》の大阪府《おおさかふ》）の大商人《だいしょうにん》の家《いえ》に生《う》まれた。織田信長《おだのぶなが》、豊臣秀吉《とよとみひでよし》の茶《ちゃ》の湯《ゆ》の師匠《ししょう》。秀吉《ひでよし》の権力《けんりょく》とつながって、茶《ちゃ》の湯《ゆ》を大成《たいせい》させるが、秀吉《ひでよし》も、堺《さかい》に勢力《せいりょく》をもつ利休《りきゅう》を利《り》用《よう》していた。秀吉《ひでよし》が政宗《まさむね》をしたがわせ、北《ほう》条氏《じょうし》をやぶり全国《ぜんこく》を平定《へいてい》すると、その目《め》は海外《かいがい》へ向《む》き、堺《さかい》より博多《はかた》が重要《じゅうよう》になる。秀《ひで》吉《よし》との対立《たいりつ》や、政権内部《せいけんないぶ》の対立《たいりつ》にまきこまれた背景《はいけい》によって、秀吉《ひでよし》に切腹《せっぷく》させられた。

政宗《まさむね》の野望《やぼう》を
たくされた藩士《はんし》

支倉常長《はせくらつねなが》

1571－1622年《ねん》

政宗《まさむね》の命令《めいれい》で、慶長《けいちょう》18（1613）年《ねん》にイスパニアにわたった仙台藩士《せんだいはんし》。イスパニア国王《こくおう》に、貿易《ぼうえき》と宣教師《せんきょうし》の派遣《はけん》をもとめる政宗《まさむね》の手紙《てがみ》をわたした。そしてローマへ行《い》き、ローマ教皇《きょうこう》の祝福《しゅくふく》を受《う》けた。

日本《にっぽん》の状況《じょうきょう》が大《おお》きくかわったため、交渉《こうしょう》はほとんどむだに終《お》わったが、常長《つねなが》が立《た》ちよった地《ち》には、そこにはじめてやってきた日本人《にほんじん》として、足跡《そくせき》がのこっている。

浅野長政《あさのながまさ》

1547－1611年《ねん》

豊臣秀吉《とよとみひでよし》の妻ねねの義理《ぎり》の弟《おとうと》。秀吉《ひでよし》の側近《そっきん》となって、天下統一《てんかとういつ》のために力《ちから》をつくし、太閤検地《たいこうけんち》では検地奉行《けんちぶぎょう》としてはたらいた。東国《とうごく》の大名《だいみょう》との取次役《とりつぎやく》をつとめ、政宗《まさむね》に小田原《おだわら》に参戦《さんせん》するよううながした。

前田利家《まえだとしいえ》

1538－1599年《ねん》

小《ちい》さいころから小姓《こしょう》として織田信長《おだのぶなが》に仕《つか》えた。信長《のぶなが》の死後《しご》は秀吉《ひでよし》の家来《けらい》となり、五《ご》大老《たいろう》のひとりとして天下統一《てんかとういつ》に貢献《こうけん》、加賀《かが》百万石《まんごく》の基礎《きそ》をきずいた。政宗《まさむね》とは小田原《おだわら》攻《ぜ》めの前《まえ》から交流《こうりゅう》をもっていた。

石田三成《いしだみつなり》

1560－1600年《ねん》

近江《おうみ》の国《くに》（現在《げんざい》の滋賀県《しがけん》）に生《う》まれ、秀《ひで》吉《よし》が長浜城主《ながはまじょうしゅ》となったころから小姓《こしょう》となる。頭《あたま》のきれる人物《じんぶつ》で、秀吉《ひでよし》に気《き》に入《い》られたが、秀吉《ひでよし》の死後《しご》は多《おお》くの武将《ぶしょう》と対立《たいりつ》し、そのあとをつぐことはできなかった。

上杉景勝《うえすぎかげかつ》

1555－1623年《ねん》

上杉謙信《うえすぎけんしん》のあとをつぎ、越後《えちご》の国《くに》（現在《げんざい》の新潟県《にいがたけん》）をおさめた。豊臣政権《とよとみせいけん》では五大《ごたい》老《ろう》のひとりとして秀吉《ひでよし》をささえ、関ケ原《せきがはら》の合戦《かっせん》では家康《いえやす》や政宗《まさむね》と対立《たいりつ》するが、和睦《わぼく》して、政宗《まさむね》とともに徳川氏《とくがわし》の力《ちから》になった。

著者紹介
浜野卓也　はまの たくや
児童文学作家、評論家。1926年静岡県生まれ。早稲田大学文学部卒業。創作に『とねと鬼丸』（小学館児童出版文化賞）、『やまんばおゆき』（サンケイ児童出版文化賞）、『ぼくたちの家出』、評論に『新美南吉の世界』（新美南吉文学賞）、『戦後児童文学作品論』などがある。2002年、日本児童文芸家協会賞特別賞受賞。2003年死去。

画家紹介
平沢下戸　ひらさわ げこ
イラストレーター。東京都生まれ。書籍のカバー、挿絵を数多く手がけている。作品に『村上海賊の娘』（和田竜）、「お面屋たまよし」シリーズ（石川宏千花）、「戦国小町苦労譚」シリーズ（夾竹桃）、「サバイバーズ」シリーズ（エリン・ハンター、訳＝井上里）、「メイズ・ランナー」シリーズ（ジェイムズ・ダシュナー、訳＝田内志文）など。

協力――――――――佐藤久一郎《さとうきゅういちろう》
（みちのく伊達政宗歴史館館長）
人物伝執筆――――――八重野充弘《やえのみつひろ》
人物伝イラスト―――――光安知子《みつやすともこ》
口絵写真（肖像）――――瑞巌寺
『伊達政宗甲冑倚像』
（花押）――――福島県立博物館
編集――――――――オフィス303

講談社 火の鳥伝記文庫　13

伊《だ》達《て》政《まさ》宗《むね》（新装版《しんそうばん》）
浜《はま》野《の》卓《たく》也《や》 文

1986年10月15日　第1刷発行
2017年5月10日　第58刷発行
2018年3月20日　新装版第1刷発行

発行者――――渡瀬昌彦
発行所――――株式会社 講談社
東京都文京区音羽2-12-21　郵便番号112-8001
電話　編集（03）5395-3536
販売（03）5395-3625
業務（03）5395-3615

ブックデザイン――――祖父江 慎＋福島よし恵（コズフィッシュ）
印刷・製本――――図書印刷株式会社
本文データ制作――――講談社デジタル製作

N.D.C. 289　202p　18cm
Printed in Japan
ISBN978-4-06-149926-3

講談社《こうだんしゃ》 火《ひ》の鳥《とり》伝記《でんき》文庫《ぶんこ》 新装版《しんそうばん》によせて

火《ひ》の鳥《とり》は、世界中《せかいじゅう》の神話《しんわ》や伝説《でんせつ》に登場《とうじょう》する光《ひかり》の鳥《とり》です。灰《はい》のなかから何度《なんど》でもよみがえり、永遠《えいえん》の命《いのち》をもつといわれています。

伝記《でんき》に描《えが》かれている人々《ひとびと》は、人類《じんるい》や社会《しゃかい》の発展《はってん》に役立《やくだ》つすばらしい成果《せいか》を後世《こうせい》に残《のこ》した人々《ひとびと》です。みなさんにとっては、遠《とお》くまぶしい存在《そんざい》かもしれません。

しかし、かれらがかんたんに成功《せいこう》したのではないことは、この本《ほん》を読《よ》むとよくわかります。

一生懸命《いっしょうけんめい》取《と》り組《く》んでもうまくいかないとき、自分《じぶん》のしたいことがわからないとき、そして将来《しょうらい》のことを考《かんが》えるとき、みなさんを励《はげ》ましてくれるのは、先《さき》を歩《ある》いていった先輩《せんぱい》たちの努力《どりょく》するすがたや、失敗《しっぱい》の数々《かずかず》です。火《ひ》の鳥《とり》はかれらのなかにいて、くじけずチャレンジする力《ちから》となったのです。

伝記《でんき》のなかに生《い》きる人々《ひとびと》を親《した》しく感《かん》じるとき、みなさんの心《こころ》のなかに火《ひ》の鳥《とり》が羽《は》ばたいて将来《しょうらい》への希望《きぼう》を感《かん》じられることを願《ねが》い、この本《ほん》を贈《おく》ります。

2017年《ねん》10月《がつ》
講談社《こうだんしゃ》

伊達政宗